AI 산출물 표시 규제

인공지능총서

인공지능 시대입니다. 기계가 인간의 인지를 대신하고, 사물이 인간을 통하지 않고 다른 사물과 직접 커뮤니케이션합니다. 이에 따른 인간 삶과 문명 변화를 정확히 이해 · 예측 · 대응하는 것은 이 시대 우리 모두의 과제입니다. 인공지능총서는 인공지능 기술과 환경의 여러 주제를 10가지 키워드로 정리합니다. 관련 개념과 이론, 학계와 산업계의 쟁점, 우리 일상의 변화를 다룹니다. 인간과 기술의 현재, 미래를 세심히 분석합니다.

일러두기

- 인명, 작품명, 저서명, 개념어 등은 한글과 함께 괄호 안에 해당 국가의 원어를 병기했습니다.
- 외래어 표기는 현행 어문규정의 외래어표기법을 따랐습니다.

처음이세요?

전문가세요?

AI 산출물 표시 규제

류시원

대한민국, 서울, 커뮤니케이션북스, 2025

AI 산출물 표시 규제

지은이 류시원
펴낸이 박영률

초판 1쇄 펴낸날 2025년 5월 30일

커뮤니케이션북스(주)
출판 등록 2007년 8월 17일 제313-2007-000166호
02880 서울시 성북구 성북로 5-11
전화(02) 7474 001, 팩스(02) 736 5047
commbooks@commbooks.com
www.commbooks.com

ISBN 979-11-430-0194-8 03500

책값은 뒤표지에 표시되어 있습니다.

차례

생성 AI가 가져온 변화

바야흐로 인공지능(AI, Artificial Intelligence)의 시대다. 2016년 스위스에서 개최된 "다보스포럼"에서 로봇, 사물인터넷(IoT), 바이오, 나노, 3D 프린팅 등과 더불어 '4차 산업혁명'의 요소 기술로서 언급된 AI는, 기술 발전과 산업 성장의 속도와 범위, 파급력 면에서 '혁명'의 의미에 가장 어울리는 기술로 자리매김하고 있다.

'인공지능'이라는 기술용어를 일반 대중에게 각인시킨 최근의 사건으로는, 2016년 3월 당대 최고의 기사 이세돌이 구글 딥마인드(DeepMind)의 인공지능 바둑 소프트웨어 '알파고(AlphaGo)'에게 1:4의 스코어로 패배한 일과, 2022년 11월 오픈AI(Open AI)가 대화형 인공지능 서비스 '챗GPT(ChatGPT)'를 출시한 일을 꼽을 수 있다. '알파고 사건'은 그 자체로 신선한 충격으로 다가왔지만 바둑을 둔다는 특정 목적을 위해 개발된 AI였기에 대중이 일상생활에서 AI의 위력을 체감케 하는 데에까진 이르지 못했다. 특정 분야나 목적에 국한되지 않고 여러 다양한 문제들을 자율적으로 해결할 수 있는 능력을 지닌 이른바 '강(强)인공지능'의 등장은 아직은 먼 미래의 일이라고 여겨졌다.

그러나 그로부터 채 10년이 지나지 않은 시기에 챗GPT가 출시되면서 AI 기술이 대중의 삶에 직접적 영향을 미칠 수 있다는 점이 분명해졌다. 마치 사람과 대화하는 듯한 느낌을 주는 고품질의 텍스트 생산 능력을 가진 챗GPT는 서비스 출시 후 2개월 만에 가입자 1억 명을 유치하는 신기록을 세웠고, 이를 전후해 텍스트, 이미지, 오디오, 비디오 등 여러 콘텐츠 부문에서 생성 AI(GenAI, Generative AI)가 일상 속으로 급속히 전파되었다. 챗GPT의 후속 버전에 적용된 GPT-4와 같은 대형언어모델(LLM, Large Language Model)을 일반인공지능(AGI, Artificial General Intelligence)의 초기 형태로 볼 수 있다는 일부 학계의 보고는 생성 AI에 대한 전망을 판별 · 예측 AI와 같은 타 AI 기술과 구분짓는다(Bubeck et al., 2023).

생성 AI가 미치는 영향은 법적 분쟁에서도 볼 수 있다. AI 기업을 상대로 한 초기 저작권 침해 분쟁인 '톰슨 로이터와 로스 인텔리전스 간 소송(Thomson Reuters v. Ross Intelligence)'은 비생성 AI에 관한 것으로, 2020년 제기됐다. 그러나 그 이후 2023년 영국에서 소 제기된

'게티 이미지와 스태빌리티 AI 사건(Getty Images v. Stability AI)'을 필두로, 저작권 침해 소송이 급증했다. 현재 미국에서만 40여 건의 소송이 진행 중이다. 그중 절대 다수는 생성 AI 관련 사건이다. 챗GPT의 등장 전후로 다양한 생성 AI가 보급되면서 저작권 침해 소송이 급증한 현상은 생성 AI의 광범위한 사용이 창작 산업에 미칠 영향을 저작권자들이 현실에서 체감하게 되었음을 방증한다.

생성 AI는 산업 성장 면에서도 한 획을 긋고 있다. 경영진이 투자자에게 회사 재무 실적과 미래 전망을 공유하는 이벤트인 '어닝콜(Earnings Calls)'에 관한 통계를 보면, ≪포춘(Fortune)≫ 500대 기업의 2023년도 어닝콜에서 언급된 키워드 가운데 가장 큰 비중인 약 20%를 차지한 것이 바로 '생성 AI'였다. 이는 2018년도의 0.31%에 비해 무려 60배 증가한 수치다. 생성 AI에 대한 관심 증대는 이 분야 투자지표 성장세에도 반영되었다. 생성 AI 기업에 대한 2023년도 전 세계 산업 투자가 전년도에 비해 8배 증가했다(Stanford HAI, 2024).

2020년대를 살고 있는 우리에게 생성 AI는 더 이상 미래가 아닌 현재다. 생성 AI는 AI 기술과 산업의 발전을 견인하면서 우리 삶에 피부로 실감할 수 있는 변화를 가져오고 있다. 챗GPT, 제미나이(Gemini), 퍼플렉시티 AI(Perplexity AI), 미드저니(Midjourney)와 같은 다종 다양한 서비스가 업무와 취미 생활, 연구 활동의 친숙한 도구가 되었다. 딥시크(DeepSeek), 그록3(Grok 3) 등 새롭게 등장하는 AI 모델이 연일 미디어를 장식한다. 생성 AI를 모르고 제대로 사용하지 못하고서는 도태되고 말 것이라는 두려움마저 든다. 우리는 '생성 AI 시대'에 살고 있다.

생성 AI의 짧은 역사

현대 AI 석학 스튜어트 러셀(Stuart Russel)과 피터 노빅(Peter Norvig)이 저술한 교과서에서는 AI 기술의 흐름을 '인간처럼(humanly)/합리적으로(rationally)'와, '사고(thinking)/행동(acting)'이라는 두 기준에 따라 총 네 가지 유형으로 구분한다(Russell & Norvig, 2010). 러셀과 노빅은 이 중 '인간처럼 행동하는 AI'를 대표하는 흐름으로 튜링 테스트(Turing test)를 예시한다.

튜링 테스트는 수학자 앨런 튜링(Alan Turing)이 1950년 논문 "계산기계와 지능(Computing Machinery and Intelligence)"에서 인간 지적 능력의 기계적 구현 여부를 판단하기 위한 기준으로 제안한 것이다. 인간 평가자가 텍스트 입출력 기기를 사용해 대화하는 상대가 기계인지 인간인지 구분할 수 없다면 기계가 지능을 구현했다고 판단할 수 있다는 내용이다. 러셀과 노빅의 체계에서 튜링 테스트는 '인간처럼 사고하는 AI'에 속하는 인지과정의 기계적 모델링에 관한 연구 흐름과 구분된다. 튜링 테스트에 대한 초기 공격 중 하나인 '중국어 방 논변'에서 존 설(John Searle)이 튜링 테스트의 기준인 '말'이 인간의 지능 즉 '사고'의 징표가 될 수 없음을 지적한 것도 같은 맥락이다. 그럼에도 튜링 테스트는 AI 연구자들로 하여금 인간의 말과 지능이 갖는 관계에 주목하게 했고, 그 결과 인간다운 '행동'과 '사고'에 관한 두 갈래의 연구 모두에 심대한 영향을 끼쳤다.

튜링 테스트가 상정한 '지능'은 인간의 것과 구분되지 않는 텍스트 표현 생성 능력을 갖춘, 오늘날로 치자면 생성 AI에 해당한다. 비교적 최근에 이르러 비약적 발전을 보이고 있는 생성 AI가 AI 연구의 가장 초기의 역사에서 이미 등장한 것이다. 이러한 사실은 AI 기술이 언어 '표현'을 매개로 한 인간과의 상호 작용이라는 개념을 전제로 제안되고 발전했음을 보여준다. AI에 관한 그러한 초기 구상은 오늘날 생성 AI로 실현되고 있다.

생성 AI의 초기 사례 중 하나로 꼽히는 'ELIZA'는 1960

년대 초 MIT(Massachusetts Institute of Technology) AI 연구소의 조지프 와이젠바움(Joseph Weizenbaum)이 개발한 챗봇 프로그램이었다. 패턴 매칭과 규칙에 기반한 단순 로직으로 구성되었던 ELIZA는 오늘날의 생성 AI에 비해 복잡도가 매우 낮았지만, 이후 수십 년간 이어진 자연어처리(NLP, Natural Language Processing) 연구 분야의 길을 놓았다고 평가된다.

AI 연구엔 'AI 겨울(AI Winter)'로 불리는 기술 투자 침체기가 존재했다. 마지막 '겨울'은 2000년경까지 이어진 것으로 기록되는데, 생성 AI는 그 이후에 본격으로 발전했다. 2014년에 주로 영상과 오디오 분야에 적용되는 생성 적대신경망(GAN, Generative Adversarial Network)과 변분 오토인코더(VAE, Variational Autoencoder) 논문이 발표되어 생성 AI 분야가 다시금 학계의 주목을 받게 되었다. 그 밖에도 텍스트 분야의 순환신경망(RNN, Recurrent Nerual Network)과 장단기 메모리(LSTM, Long Short-term Memory), 트랜스포머(Transformer) 기술, 그리고 영상과 오디오 분야의 합성곱신경망(CNN, Convolutional Neural Network)과 디퓨전 모델(Diffusion model) 등 새로운 아키텍처를 발견하고 시험하면서 기술적 돌파구를 하나씩 헤쳐 왔다.

현재 우리가 누리고 있는 생성 AI의 혜택은 이렇듯 누적적인 기술 발전의 결과다. 그러나 생성 AI 기술에는 명과 암이 동시에 존재한다.

생성 AI의 그림자

생성 AI 기술은 지식 탐색을 돕고, 쉽고 빠른 코딩을 가능케 하며, 창작 참여의 폭을 넓히는 것을 비롯해 인류에게 다양한 편익을 제공할 것으로 기대된다. 그러나 생성 AI에 관한 전망은 장밋빛으로만 채색되어 있지 않다. 생성 AI가 약속하는 혜택 이면에 도사린 위험을 우려하는 목소리가 높다.

생성 AI는 텍스트, 이미지, 오디오, 비디오와 같은 각종 콘텐츠를 생성하는 AI다. 생성 AI의 표현력은 날로 향상되어 AI의 결과물을 인간이 작성한 것과 구분하기가 점점 어려워지고 있으며, 사실에 대한 인간의 기술(記述) 혹은 기록과 구분하는 것도 쉽지 않다. 이에 따른 부작용으로 가짜뉴스, 딥페이크와 같은 악용 내지 오남용 사례가 자주 거론된다. 개인정보, 초상권 등의 침해 가능성도 생성 AI의 위험에 관한 논의에서 빠지지 않는 주제다. 인간 창작물을 학습한 생성 AI가 내놓은 결과물이 인간 창작의 기회를 빼앗을 것이라는 위기의식도 늘고 있다.

새롭게 출현한 기술이 악용되거나 부작용을 초래하는 일은 역사에서 늘 있어 왔다. 기존의 질서를 전복하고 파괴하는 것은 혁신적 기술이 갖고 있는 내재적 속성이거나 필연적 결과라고 말한다. 인류에게 놀라운 혜택을 약속하는 혁신적 기술일수록 예상되는 부작용의 골도 그만큼 깊다. 그러나 혁신 기술에 대해 우리 앞에 놓인 선택지는 '전적인 수용'과 '전적인 배척' 두 가지만 있는 것이 아니다. 신기술을 수용해 혜택을 누리되 그 폐해를 최소화하는 다른 길도 있다. 불이 방화 범죄에 이용될 위험이 있다고 불의 사용을 모조리 금지하는 것은 어리석은 일이고, 가능하지도 않다. 인류는 새로운 기술이 등장할 때마다 그 사용법을 슬기롭게 관리하고 통제해 문명의 발전을 일구어 냈다. 21세기의 인류가 새롭게 마주한 생성 AI 기술을 대하는 태도도 이와 같아야 한다.

생성 AI의 산출물과 표시 규제

생성 AI에 대해 언급되는 위험의 실체는 사실의 것과 가공의 것, 진실과 거짓을 구분하는 데 초래되는 혼란을 가리키는 '정보 위기(Information Crisis)'와 깊은 관련이 있다. 생성 AI가 산출한 결과물인 AI 산출물(AI Output,

AI-Generated contents)을 정보를 담은 매체라 할 때, 그와 관련된 위험은, 기계가 생산한 표현과 인간의 표현이 잘 구분되지 않고(표현 주체에 관한 정보의 혼동) AI 산출물이 사실처럼 보이되 사실이 아닐 수 있는 정보를 담고 있어서(표현 내용에 관한 정보의 혼동) 나타나는 문제로 요약할 수 있다. 요컨대 생성 AI에 특유한 위험은 AI 산출물의 외관과 내용의 층위에서 관찰될 수 있는 정보의 불일치에 연유한다.

이러한 정보의 불일치는 정보 소비계층에 혼란을 야기해 정보의 합리적 소비와 유통에 관한 시장의 작동을 저해하고, 더 나아가 공적 담론 형성의 기초인 '사실'의 가치를 희석해 민주주의 작동에 지장을 초래한다. 이러한 결과를 방지하는 한 가지 방안은 그 외관 혹은 내용이 진실을 표상하지 않아 정보 위험의 우려가 큰 AI 산출물의 생산과 유통을 규제하는 것이다. 이와 같이 사후적으로 현상 혹은 결과를 통제하는 방식은 일단 위험이 식별되면 즉각 차단할 수 있다는 장점이 있다. 하지만 위험을 식별하기 위한 판단 과정에서 규제 비용이 커진다. 또한 그런 판단은 일종의 가치 평가적인 속성이 있어 수범자에게 충분한 예측가능성을 보장하지 못할 수 있다.

대안으로 고려할 수 있는 다른 방안은 문제되는 현상

의 원인인 정보에 주목한다. 정보의 불일치는 실상 정보가 부족한 데 원인이 있으므로, 이를 해소하기 위해 AI 산출물에 더 많은 정보를 소비자에게 제공하게 하는 것이다. AI 산출물에 인간이 아닌 AI가 작성한 것이라는 추가 정보를 표시하게 유도하거나 강제하는 '표시 규제'를 통해 외적으론 AI 산출물 출처에 관한 정보 부족을 해소하고, 내적으론 소비자가 산출물의 내용적 가치에 관한 정보에 기반을 두고 합리적 판단을 내릴 수 있게 지원한다. 표시 규제는 AI 산출물과 그 안에 담긴 정보의 유통이 이루어지는 시장에 직접 개입하는 대신 '표시'라는 간접적이고 예방적 조치를 동원해 정보 부족에 의한 시장 실패에만 개입한다. '표시'라는 명확한 기준을 사전에 제시하고 그에 따라 규제할 대상을 선별하므로 규제 비용도 낮출 수 있다.

생성 AI 관련 위험에 대처하기 위한 규제 논의의 중심에 'AI 산출물'과 '표시'가 위치하는 것은 이에 연유한다. AI 산출물에 그것이 생성 AI의 작동 결과라는 사실을 표시하는 것은 언뜻 매우 쉽고 직관적으로 답할 수 있는 문제로 보인다. 그러나 막상 그 실제를 논의하면 그리 녹록한 문제가 아니다. 자율규제와 강제규제 중 무엇이 더 효과적이고 바람직한가라는 규제의 기본 접근법에서 시작해, 규제 대상의 물적 범위(표시 대상)와 주관적 범위(수범자), 시적 범위(표시 요구 단계)를 어떻게 설정할 것인지, 표시 내용과 수단(시각적 표시인지 비시각적 정보 삽입인지 등), 표시 방법은 또 어떻게 할 것인지와 같은 구체적인 규제의 설계로 들어가면 따져 봐야 할 문제들이 적지 않다. 이 책은 그러한 AI 산출물 표시 규제의 설계에 고려해야 할 쟁점들을 소개하고, 우리나라의 AI 현실에서 바람직한 규제의 방향성을 고민해 보려는 의도에서 기획되었다.

책의 구성

총 10개의 장으로 구성되어 있다. 전반부 3개 장은 AI 산출물 표시 규제의 논거로서 제시되는 위험과 의제들을 차례로 살펴본다. 올바른 규제의 설계를 위해서는 그 규제가 목적하는 바, 즉 다루려는 위험의 성격을 먼저 이해해야 하기 때문이다.

전반부(1～3장)의 논의를 바탕으로, 중반부(4～7장)는 AI 산출물 표시 규제 설계 논의의 기초가 되는 산업적 · 기술적 · 제도적 현황을 고찰한다. 먼저 4장에서는 표시 대상인 AI 산출물의 생산부터 유통과 소비로 이어지는 생애주기의 단계별 이해관계인들과 각 단계에서 표시 규제의 초점이 어디에 맞춰지는지 살펴본다. 표시 규제가 의도한 효과를 거두려면 그 규제의 단계별 수요와 성격을 고려한 종합적 처방이 되도록 내용을 설계해야 하기 때문이다. 5장에서는 기술적 규제 탐색의 전제로서, AI 산출물 표시와 관련해 제안되는 기술과 각 기술별 한계를 일별한다. 이에 관한 지식은 이어지는 자율규제 논의의 기초가 될 뿐 아니라, 강제규제의 관점에서도 합리적 규제 설계를 위해 반드시 고려해야 하는 사항이다. 6장은 기술에 기반을 둔 민간의 자발적 통제(자율규제)와 법적 수단을 동원한 정부 차원의 규제(강제규제)의 두 접근법을 살펴본다. AI 산출물 표시 문제의 성격에 비추어 적절한 범위에서 강제규제가 필요한 이유도 알아본다. 7장에서는 해외 주요국의 AI 산출물 표시 규제 현황을 우리나라의 상황과 더불어 살펴본다. 국가별로 다르게 취해지는 표시 규제 정책을 검토해, 우리나라에 필요한 규제 설계에 관한 시사점을 도출하는 출발점으로 삼는다.

후반부(8~10장)는 AI 산출물 표시 규제의 구체적인 설계와 전망을 다룬다. 8장에서는 표시 규제를 설계하는데 고려할 사항들을 검토한다. 규제 목표를 식별하고 그에 부합하도록 규제를 설계해야 함을 강조하고, 표시의 대상, 주체, 내용, 방법 등 세부 설계요소 및 이들과 관련된 각 쟁점들을 살펴본다. 9장은 표시 규제의 한계와 의도되지 않은 효과의 개연성을 탐색한다. AI 산출물에 대한 낙인 효과와, 표시 규제만으로 해결되지 않는 정보 위험, 국가 간 규제 불균형 등에 관해 검토하고, 규제의 순효과와 한계 내지 부작용을 종합적으로 고려한 균형적인 시각을 논의한다. 결론에 해당하는 10장은 AI 산출물 표시 규제의 단기적 효과를 넘는 미래 전망을 개관한다. 일방적 규제가 가진 한계, 교육과 홍보를 통한 AI 리터러시 증진 활동이 동반된 표시 규제의 장기적인 방향성을 조망한다.

마지막으로, 이 책에 소개된 내용의 상당 부분은 기존의 국내 연구들(소병수, 2023; 김민호 · 소병수, 2024; 주현경, 2024; 류시원, 2024a)에 빚지고 있음을 밝힌다. AI 산출물 표시 규제는 근래에 논의되기 시작한 주제인 관계로 자료가 많지 않은 실정이지만, 가급적 최신 상황을 반영하려 노력했다. 대부분 자료가 현상과 규제 방향에 관한 정성적 분석에 집중하고 있고, 규제의 집행비용이나 순응비용의 예측과 같은 정량적 연구는 국내는 물론 해외에서도 찾기 어렵다. 그에 따라 이 책에서도 AI 산출물 표시 규제 설계에 관한 실증 분석까지는 다루지 못했다. 향후 이러한 면에서도 더 활발한 연구가 진행되기를 바란다.

참고문헌

김민호 · 소병수(2024). 딥페이크의 합리적 규제방안. ≪토지공법연구≫ 제106집.

류시원(2024a). 인공지능 산출물 표시 규제 방안의 검토. ≪저스티스≫ 통권 제205호.

소병수(2023), 미디어 영역에서 인공지능(AI) 기술의 확산과 제문제 - AI 창작물의 혼동 및 권리침해 방지를 위한 워터마크 등 식별조치를 중심으로 -. ≪원광법학≫ 제39권 제3호.

주현경(2024), 딥페이크 기술의 사회적 위험과 규제 방안 - 딥페이크 이용 범죄를 중심으로 -. ≪가천법학≫ 제17권 제3호.

Bubeck, S. et al.(2023). Sparks of Artificial General Intelligence: Early experiments with GPT-4. arXiv:2303.12712v5 [cs.CL].

Russell, S. & Norvig, P.(2010). *Artificial Intelligence: A Modern Approach*(3d ed.). Prentice Hall.

Stanford HAI(2024). Artificial Intelligence Index Report 2024. https://aiindex.stanford.edu/wp-content/uploads/2024/05/HAI_AI-Index-Report-2024.pdf

01
구체적 위험: 딥페이크와 권리 침해

AI 산출물은 딥페이크 등 진실을 위장한 거짓정보의 전달을 매개하는 수단으로 이용될 수 있다. AI 산출물이 그 성질과 출처에 관한 적절한 표시 없이 유통될 때 대중은 사실 인식에 혼란을 겪는다. 이는 사회 기반의 약화와 사적 권리 및 이익 침해와 같은 현실적 위험을 낳는다. 표시 규제의 첫째 논거로서, AI 산출물을 둘러싸고 공적 · 사적 영역에서 발생하는 구체적 위험의 구조와 사례들을 살펴본다.

두 가지 위험

AI 산출물이 인간의 작업과 혼동되고, 그 안에 담긴 정보가 진실로 오인되면 당장 나타날 수 있는 위험은 크게 두 가지다. 첫째는 사회 전반에 미치는 해악이고, 둘째는 개인 또는 기업의 권리나 이익의 침해다. 이는 위험이 발생하는 영역에 따른 구분으로 환치할 수 있다. 공적 영역에서 발생하는 위험인가, 아니면 사적 영역에서 발생하는 위험인가의 차이다.

위험 영역에 따라 발생하는 위험의 양상도 달라질 수 있지만 공통점도 있다. 사회 혼란과 범죄 등 구체적인 결과로 나타나며, 이를 수습하는 데 사회적 비용이 크게 소요된다는 점이다. 따라서 이와 같은 구체적 위험은 상대적으로 신속하고 명확한 개입이 요구된다.

사회적 해악

AI 기술의 일종인 '딥러닝(Deep Learning)'과 '가짜(Fake)'라는 말의 합성어인 '딥페이크(Deepfake)'는 AI 기술을 활용해 가공의 이미지, 소리, 영상 등을 만들어 내는 행위나 그 결과를 뜻한다. 가상의 이미지를 합성하는 기술은 과거에도 있었지만, AI 기술이 적용된 딥페이크에 의하면 더욱 현실처럼 보이는 이미지를 쉽고 빠르게 만들어 낼 수 있다. 딥페이크는 좋은 목적으로도 쓰인다. 영화배우가 분장팀의 도움 없이 젊은 시절의 모습으로 연기하는 장면을 제작하는 데 이용되는 디에이징(De-aging) 기법이 대표적이다. 악의 없는 오락이나 비평 목적의 패러디물 제작에도 이용될 수 있다.

그러나 딥페이크는 대중을 정치적으로 선동하기 위한 활동 등을 지원하는 데 활용될 수 있다. 때문에 가치중립적 용어인 딥페이크가 부정적 인상을 전달하는 경우가 많다. 거짓 정보를 진실로 위장해 전파하기 위해 딥페이크가 특정한 의도를 가진 자에 의해 악용되면 사회는 혼란에 빠질 수 있다. 우크라이나의 볼로디미르 젤렌스키(Volodymyr Zelensky) 대통령이 러시아에 항복을 명령하는 모습을 담은 딥페이크 영상이 한동안 인터넷을 달궜던 일, 이스라엘-하마스 전쟁 발발 후 실제로는 없었던 폭격과 민간인의 사망 모습을 조작한 영상들이 유포된 일은 정치적 선동에 딥페이크가 악용될 우려가 현실화한 수많은 사례 중 일부에 불과하다.

정치적 선동 외에도, 공적 영역에서 딥페이크의 부작용이 사회에 해악을 끼칠 수 있는 부면은 다양하다. 예를 들어, 공적 인물이 혐오 표현 발언을 하는 내용으로 조작된 영상은 사회적 편견을 강화할 수 있다. 유사한 방식으로 딥페이크물이 극단주의 또는 양극화를 조장할 수도 있다. 궁극적으로 딥페이크는 사회적 신뢰 기반을 붕괴한다. 메신저(화자)를 조작해, 메시지를 믿기 어려운 때에 메신저를 통해 사실을 확인하던 관습을 무너뜨려, 대중이 모든 것을 의심하게 만들 수도 있기 때문이다(이소은 · 최순욱, 2023).

사회적 해악에는 종종 개별 사회구성원의 피해가 수반되기도 한다. 공직선거에서 정치적 메시지를 조작한 내용의 딥페이크물을 유포하는 것은 선거의 공정성이라는 중대한 공익을 훼손하는 일인 동시에 정치적 라이벌 개인의 명성에 타격을 입힌다. 거짓정보에 의해 조장된 공포는 경제적 피해를 낳을 수도 있다. 2023년 5월 22일 아침, 미국 국방부 건물인 펜타곤 인근에 화재가 발생한 모습을 담은 딥페이크 이미지가 트위터로 빠르게 전파됐다. 러시아 국영방송이 이를 사실로 보도하면서 거짓된 정보가 광범위하게 퍼졌다. 시장의 반응은 즉각적이었다. 비록 일시적이긴 했지만 S&P 500 지수가 하락하고 미국 연방 국채와 금 시세가 상승했다. 혼란을 틈타 누군가는 돈을 벌고 누군가는 손실을 입었다.

위험은 반드시 악의를 가진 사람에 의해서만 조장되는 것이 아니다. LLM이 환각(Hallucination) 작용으로 뱉어낸 그럴듯한 거짓말을 사람이 걸러내지 못해 잘못된 정보가 소셜네트워크(SNS)를 타고 급속하게 전파될 수 있다. 패러디나 밈(Meme)으로 쓰려고 장난 삼아 만든 딥페이크가 예상치 못한 파장을 낳기도 한다. 해악의 의도가 없는 허위정보(Misinformation)와 의도성 짙은 허위조작정보(Disinformation)를 개념적으로 구분하기도 하지만(Britannica, 2025), 항상 후자의 폐해가 더 크다고는 말할 수 없다. 거짓정보 전달 경로에 있는 대다수는 보통의 대중이다. 따라서 위험의 규모는 악의의 유무보다도, 진실과 거짓을 구분하기 곤란한 정도에 더 크게 영향을 받는다. 그리고 이는 진실과 거짓을 각각 표상하는 매체의 외면적 동등성 수준에 좌우된다.

AI 산출물 표시 규제 요구의 첫째 논거는 이처럼 거짓정보의 전파 매체로서 기능하기 쉬운 합성 콘텐츠에 딱지를 붙여 정보 · 콘텐츠의 소비자가 그 위험성에 유의하게 하자는 것이다. '거짓을 담을 수 있는 매체'를 식별하기 위한 AI 산출물 표시는, '거짓'의 식별 혹은 '거짓을 담은 매체'의 식별이라는 더 비싼 과정의 대용물(Proxy)로서 주장된다. 이러한 이유에서 AI 산출물 표시는 식품 용기에 적힌 영양성분표(Nutrition label)에 자주 비견된다(Stuurman & Lachaud, 2022; Gerke, 2025).

권리와 이익의 침해

생성 AI 기술의 결과물인 딥페이크는 사회적 해악에 부수한 피해로서 특정 집단이나 개인의 이익 침해를 낳기도 한다. 그러나 이와 달리 타인의 이익을 침해하는 것을 직접 의도하거나, 사익 침해가 1차적 결과로 나타나는 경우도 빈번하다.

생성 AI로 발생할 수 있는 권리 침해 문제로는 저작권과 개인정보의 침해가 흔히 거론된다. 미국 연방법원에서 진행 중인 40여 건의 저작권 침해 소송과, 연애 상담용 AI 모델의 개발을 위해 개인정보가 포함된 청춘남녀의 카카오톡 대화 문장을 수집해 학습에 사용한 행위의 개인정보보호법 위반이 인정되어 국내 업체가 과징금 등 처분을 받았던 '이루다' 사건이 대표적이다.

저작권 혹은 개인정보 침해는 주로 생성 AI 개발 과정에서 저작물 · 개인정보가 학습데이터에 포함되어 이용됨으로써 발생하는 문제이거나, 생성 AI 모델이 타인의 저작권 · 개인정보를 침해하는 결과를 출력하는 과정에서 나타나는 문제다. 이러한 문제는 AI 학습데이터 조성 단계에서 원인과 대책을 찾아야 하므로, AI 산출물에 그 출처 정보를 표시하는 것이 궁극적 해결책이 되기 어렵다. 음란물이나 성 착취물 제작에 딥페이크를 악용하는 행위도 처벌을 통한 직접 제재가 요구되는 사안이다. 따라서 표시에 의한 간접적 개입의 배경으로 언급될 수는 있겠으나 표시 규제의 근거로는 부족하다. 개별 행위에 대한 제재가 실행되기 전까지 일시적 정보 혼란을 최소화하는 면에서 표시 조치가 일정한 의미를 가질 수는 있지만 말이다.

이보다 AI 산출물 표시와 더 직접 관계된 문제는 초상권 침해나, 사기 범죄에의 악용 등이다. 초상권은 흔히 초상 주체의 인격적 이익에 관계된 권리로서 설명되지만, '퍼블리시티권'이라는 용어를 사용해 재산적 이익과 관련짓기도 한다. 즉 타인의 초상을 무단 사용하는 것은 초상권 내지 퍼블리시티권을 침해하는 행위다. 초상 외에도 개인의 인격적 동일성을 나타내는 성명, 음성, 몸짓, 그 밖의 신체적 특징 등이 동일한 원리로 보호된다. 영상에 등장하는 인물의 얼굴을 타인의 것으로 교체하거나, 목소리를 합성해 실제 하지도 않은 발언을 한 것처럼 가장한 딥페이크를 제작하면 해당 인물의 초상 및 음성에 관한 권리를 침해한다. 2023년과 2024년, 미국의 유명 배우 톰 행크스(Tom Hanks)의 모습이 등장하는 딥페이크 영상이 치과 보험 광고와 당뇨 치료제 광고에 사용되자, 톰 행크스가 SNS에서 "본인이 그 광고와 아무 관련이 없다"고 알린 사건이 있었다.

딥페이크를 이용해 타인을 사칭하는 행위는 명예훼손, 피싱 사기 등 각종 범죄에 악용되기도 한다. 2024년 1월, 미국 볼티모어시 인근 마을의 고등학교 교장이 심각한 인종차별적 언사를 쏟아내는 내용을 담은 딥페이크 음성 파일이 온라인에 게시되었다. 해당 음성 파일은 수 시간 만에 200만 회 이상 조회되며 순식간에 퍼졌고, 교장은 지역사회의 증오와 위협의 표적이 되어 잇따른 살해 협박에 시달렸다. 경찰 수사 결과 공금 절도 혐의로 교장이 지휘하는 조사를 받고 있던 학교 직원이 앙심을 품고 교장의 평판을 추락시키기 위해 AI 도구로 해당 영상을 제작해 유포했다는 사실이 밝혀졌다.

딥페이크가 피싱 등 사기 범죄에 악용되는 일도 반복되고 있다. 홍콩의 금융회사 직원이 딥페이크로 제작한 가짜 CFO와의 화상회의 영상에 속아서 2억 홍콩달러(약 372억 원)를 송금한 사건을 비롯해 여러 사건이 보도되었다. 멀리 해외까지 가지 않고 당장 우리 주변에서도 일어날 수 있는 일이다. 2021년 2월 〈그것이 알고 싶다〉는 20대 참가자 3명의 얼굴을 병원에 입원한 모습으로 합성한 영상으로, 그들의 부모에게 신용카드 정보를 요구하는 실험을 진행했다. 놀랍게도 3명 중 2명의 부모가 신용카드 사진을 전송했다. 딥페이크 사기는 개인과 기업을 가리지 않는다. '딜로이트(Deloitte)'가 2024년 2000여 명의 기업 임원을 대상으로 실시한 조사에서 응답자의 4분의 1 이상이 지난 1년간 1회 이상 기업 재무회계 데이터를 노린 딥페이크 공격을 받았다고 답했고, 절반 이상의 응답자가 향후 1년 간 공격 빈도의 증가를 예상했다(Deloitte, 2024).

진실로 위장한 딥페이크 등 AI 산출물이 진실을 담은 매체와 구분되지 않은 채로 대중에게 전달될 때 공적 · 사적 영역에서 현실적이고도 구체적인 위험이 발생한다. AI 산출물이 그 성질 및 출처에 관한 충분한 정보와 함께 유통돼야 대중의 혼란과 그에 기인한 개별 영역에서의 위험이 최소화될 수 있다.

참고문헌

이소은 · 최순욱(2023). 『딥페이크의 얼굴』. 스리체어스.

Britannica(2025.2.4). misinformation and disinformation. https://www.britannica.com/topic/misinformation-and-disinformation

Deloitte(2024). Generative AI and the fight for trust. https://www2.deloitte.com/content/dam/Deloitte/us/Documents/Advisory/us-generative-ai-and-the-fight-for-trust.pdf

Gerke, S.(2025). The Need for 'Nutrition Facts Labels' and 'Front-Of-Package Nutrition Labeling' For Artificial Intelligence/Machine Learning-Based Medical Devices-Lessons Learned From Food Labeling. *Emory Law Journal*, 74.

Stuurman, K. & Lachaud, E.(2022). Regulating AI. A label to complete the proposed Act on Artificial Intelligence. *Computer Law & Security Review*, 44.

02
추상적 위험: AI 기술 가치 원칙

AI 산출물의 표시 논의는 생성 AI 기술에 대한 장기적 전망 아래 신뢰할 수 있는 기술의 사회적 수용이란 맥락에서도 전개된다. AI 기술 가치 원칙의 주요 항목인 투명성 원칙의 발전 과정과 내용, AI 산출물 표시와 맺는 관계를 조명한다. 투명성 원칙이 구호에 머물지 않고 그 실현을 위한 규제의 논의로 옮겨가야 하는 이유를 살펴본다.

AI와 MBTI?

기술결정론과 사회구성론

과학기술학계에서 20세기 후반에 대두되어 현재까지 지속되는 주요 논쟁 중 하나는 기술이 사회를 결정하느냐, 사회가 기술을 결정하느냐의 문제다.

기술결정론(Technological Determinism)과 사회구성론(Social Constructivism)으로 불리는 양쪽의 시각에는 각각 넓은 스펙트럼이 존재하지만, 단순화해 설명하면 다음과 같다. 먼저 기술결정론자들은 사회 변동의 방향과 속도를 결정하는 중심 원인이 기술에 있다고 주장한다. 기술은 그 자체 고유한 내부 논리에 의해 보편적 경로를 따라 사회를 특정한 방향으로 변화시킨다고 믿는다. 사회구성론자들은 반대로 인간의 행동과 정치, 경제, 문화의 조건이 기술에 영향을 준다고 주장한다. 이 견해에 의하면 사회집단마다 기술에 대해 가진 상이한 해석 관점이 복잡한 협상 과정을 거쳐 도달한 합의점이 기술의 발전 방향을 결정한다.

기술결정론과 사회구성론은 기술과 사회가 서로에게 영향을 미치는 상반된 측면을 강조하고 있다. 양자의 상호 의존성을 모두 수용하는 종합적 관점이 타협안으로 제시되기도 한다(Skoric et al., 2015). 과학기술의 '역사'에 관한 이론으로서 대립하는 두 설명체계는 각각에 대한 비판적 수용을 거쳐 사회가 신기술을 준비하고 대응하는 데 나름의 방식으로 기여한다. 기술결정론은 기술 발전이 사회 변화에 미치는 위력적인 영향에 주목한다. 바로 이 점이 역설적이게도 기술의 자체 논리에 수정적으로 개입할 틈에 주의를 환기시키는 계기를 제공한다. 사회구성론은 그것이 주로 기술의 사회적 구성 원리를 해명하기 위해 제시한 행위자-연결망 이론 등을 통해 기술의 사회적 영향을 재구성하기 위한 다양한 사회계층의 참여 활동에 이론적 근거를 제공한다.

AI 기술의 투명성 원칙

1953년 제임스 왓슨(James Watson)과 프랜시스 크릭(Francis H. C. Crick)의 DNA 이중나선구조 발견을 계기로 생명공학 분야가 발전을 거듭했다. 그러나 주요 연구주제였던 '재조합 DNA(Recombinant DNA)' 실험에 안전성 우려가 제기됐다. 이 문제를 다루기 위한 국제회의가 1975년 2월 캘리포니아주의 휴양도시 아실로마(Asilomar)에서 개최되었다. 나흘에 걸친 회의에서 생물학적 봉쇄 조치를 포함해 연구를 진행하기 위한 조건들과, 금지되는 연구에 관한 합의가 도출되었다. 회의에서 도출된 합의는 미국 국립보건원(NIH)의 실험지침 제정으로 이어졌다. 곧이어 유럽 각국에서 유사한 지침이 속속 채택되어 과학자들은 안전한 환경에서 연구를 계속할 수 있었다(조은희, 2005).

AI라는 주제와 아무 관련이 없는 50년 전에 열린 회의 이야기를 꺼낸 이유가 있다. 이 회의에서 부여된 아실로마의 상징성이 2017년 1월 같은 장소에 스튜어트 러셀(Stuart J. Russel), 얀 르쿤(Yann Lecun), 데미스 허사비스(Demis Hassabis), 일론 머스크(Elon Musk) 등 AI 연구·산업 분야의 핵심 인물들이 대거 모이게 된 배경이 되었기 때문이다. 1975년의 '아실로마회의'는 과학자 집단이 연구에서 파생되는 잠재적 위험과 윤리적 이슈에 관해 스스로 문제를 제기하고 연구 진행을 중단한 상태에서 책임 있는 해결을 모색한 역사적 순간이 되었다. AI 연구자들과 업계 인사들이 또 다른 신기술인 AI가 인류에게 제기하는 윤리적, 실존적 문제를 논하는 장에 '아실로마의 기억'을 소환한 것은 어쩌면 자연스러운 일이다(Future of Life Institute, 2023).

2017년 아실로마회의에서 '아실로마 AI 원칙(Asilomar AI Principles)'이 도출되었다. "AI 거버넌스에 관한 가장 초기의, 가장 영향력 있는 원칙들 중 하나"로 평가되는 아실로마 AI 원칙은 연구 이슈, 윤리와 가치, 장기적 이슈에 관한 3개 장과 총 23개의 개별 원칙들을 담고 있다. 이 중 '윤리와 가치'에 관한 두 번째 장은 오늘날 중요한 AI 가치 원칙으로 거론되는 안전성(Safety), 책임성(Responsibility), 가치 정렬(Value alignment) 등의 개별 원칙을 포함한다(Future of Life Institute, 2017).

아실로마 AI 원칙은 2019년 OECD와 유럽연합이 발표한 AI 윤리원칙에 영향을 주었다. 후속 발표된 이들 원칙은 아실로마 AI 원칙을 체계화, 구체화한 것이다. 두 원칙에는 '투명성(Transparency)'이라는 표현이 공통으로 등장한다. 같은 이름의 하위 원칙을 아실로마 AI 원칙에서는 장애와 사법 적용에만 초점을 맞추었지만, 후속 원칙에서는 AI 시스템과 상호 작용하는 자에게 그 사실을 알리는 것을 포함해 AI 시스템의 능력과 한계에 관한 정보를 투명하게 공개해야 한다는 일반 원칙으로 확장했다(OECD, 2019a; European Commission, 2019).

이러한 내용의 투명성 원칙은 비슷한 시기 호주와 미국 등 각국 정부 차원에서 발표된 AI 윤리원칙에도 빠지지 않고 등장한다. 2020년 우리나라 과학기술정보통신부가 발표한 「인공지능(AI)윤리기준」도 기본원칙의 실현을 위한 10대 핵심 요건 중 마지막 항목으로 '투명성'을 제시하고 있다(과학기술정보통신부, 2020).

신뢰할 수 있는 AI 기술

위험성을 내포한 신기술은 그 위험이 적절히 관리될 때 기술 발전을 통한 인류 번영을 약속한다. 원자력발전소가 생활 반경 안에 설치되고 운영되는 이유는 안전을 보장하는 기술적 조치가 있고, 우리가 그 기술을 신뢰하기 때문이다. 위험과 기회의 두 얼굴로 다가오는 AI 기술도 우리 사회가 그것을 '신뢰할 수 있는' 기술로서 받아들일 수 있는 조건이 갖추어져야 사회가 그 혜택을 온전히 누릴 수 있다. AI 기술에 관해 논의되는 원칙들은 인간 사회가 신기술을 수용해 지속적 혜택을 누리기 위한 조건이다. 아실로마 AI 원칙이 나온 2017년 회의의 주제가 "이로운 AI(Beneficial AI)"였다는 사실은 회의의 배경을 이룬 기본 관점을 보여 준다.

이와 같은 이유에서 신뢰성(Trustworthiness)은 흔히 AI 기술의 가장 기본적인 최상위 조건으로 거론되며(박도현, 2022), 투명성을 중요한 구성요소로 포함한다(European Commision, 2019). 투명성 원칙이 신뢰 형성의 바탕으로 요구하는 '충분한 정보'는 AI 개발과 적용 전(全) 단계에 걸쳐 있으므로, 투명성 요구는 AI와의 상호 작용 사실을 알리는 것에 더해 학습데이터의 내역과 적용된 기술 등에 관한 제반 정보의 보존(Record-keeping)과 공개 문제를 아우른다. 그리고 생성 AI와 관련된 국면에서 그 산출물에 관한 정보를 공개하는 '표시'의 문제로까지 확장된다. 아실로마 AI 원칙이나 OECD AI 윤리원칙 같은 초기의 원칙들은 자동적 의사결정에 관여하는 판별 모델을 전제하기에, 생성 AI를 언급하지 않는다. 그러나 이들 원칙에 열거된 투명성은 생성 AI 기술의 진전에 따라 머지않아 산출물 표시 문제로 변용되어 나타났다. 2021년 4월 유럽집행위원회가 공개한 'AI법(AI Act)' 초안에서 "특정 AI 시스템에 대한 투명성 의무"란 제목을 달고 있던 제52조(최종안에서는 제50조)는 생성 AI 시스템의 이용자에게 딥페이크에 해당하는 산출물에 대해 인공적으로 생성 또는 조작된 것이라는 사실을 공개할(Disclose) 의무를 부과하는 내용을 담았다.

AI 투명성 원칙의 실현 수단으로 논의되는 AI 산출물 표시는 그 부재 시에 발생할 구체적 위험을 염두에 둔 규제 논의에 비해 일반적이고 장기적인 전망에 기반을 두고 있다. 앞서 언급한 유럽연합 'AI법' 초안 제52조의 딥페이크 공개 의무화는 공직선거, 사기 범죄와 같은 각 국면마다 다르게 나타날 해악의 개별적 성질 차이보다는 일반적 범위에서 나타날 효과에 주목한다. 탈진실 시대의 가속화나 정보 지체, 성 · 인종 등에 대한 제도화된 편견이 AI 산출물로 대량 재생산되어 기존의 고정관념을 고착화 내지 강화할 위험(Wei et al., 2024)과 같은 추상적 위험이 넓은 범위에서 초래할 장기적 결과를 주로 고려하는 것이다. 필요한 규제의 부재로 AI 산업이 안전하게 성장할 기반이 제공되지 못해 기술 발전이 지체된다면 이로운 효과마저 누리지 못하리라는 염려도 있다.

AI 전문가들이 2017년 회의에서 재현하고자 한 1975년의 '아실로마의 순간'은 한 번의 회의가 만들어 낸 성과가 아니라 여러 후속 작업들로 완성되어 간 과정 속에서 기억되어야 한다. 1975년 아실로마회의에서 도출된 합의안이 미국 국립보건원의 실험지침 등을 통해 '연성법'이나마 규범으로 구체화된 것이 생명공학의 발전을 낳은 연구 지속의 토대가 되었듯(우태민 외, 2024), AI 원칙 수립이 신뢰할 수 있는 AI 기술의 발전 토대가 되기 위해서 산출물 표시 등 '규제'를 통한 실현 방안을 논의할 필요가 있다. 그것이 민간 참여자의 자발적 통제에 의한 자율규제건 법규범을 통한 강제규제건 말이다.

참고문헌

과학기술정보통신부(2020.12.22). 과기정통부, 사람이 중심이 되는 「인공지능(AI) 윤리기준」 마련.

https://www.msit.go.kr/bbs/view.do?sCode=user&mPid=112&mId=113&bbsSeqNo=94&nttSeqNo=3179742

박도현(2022). 신뢰할 수 있는 인공지능의 이론적 고찰. ≪법철학연구≫, 25(2).

우태민 외(2024). 인공지능 아실로마회의와 기술결정론의 축적. ≪과학기술학연구≫, 55.

조은희(2005), 유전자재조합 기술의 수용과정을 통해 본 과학자의 책임과 역할. ≪Biowave≫, 7(7).

European Commission(2019). Ethics guidelines for trustworthy AI. https://digital-strategy.ec.europa.eu/en/library/ethics-guidelines-trustworthy-ai

Future of Life Institute(2017). Asilomar AI Principles. https://futureoflife.org/open-letter/ai-principles/

Future of Life Institute(2023). FAQs about FLI's Open Letter Calling for a Pause on Giant AI Experiments. https://futureoflife.org/ai/faqs-about-flis-open-letter-calling-for-a-pause-on-giant-ai-experiments/

OECD(2019a). OECD AI Principles - Transparency and explainability(Pinciple 1.3). https://oecd.ai/en/dashboards/ai-principles/P7

Skoric, M. et al.(2014). *Cultural values and digital networks as predictors of sustainable democratic development, in Technological determinism and communication for sustainable social change*(J. Servaes ed.). Lanham, MD: Lexington Books.

Wei, X. et al.(2024). Addressing bias in generative AI: Challenges and research opportunities in information management. *Information & Management*, 62.

03
AI 산출물의 보호와 표시

생성 AI는 다양한 영역에서 창작 도구로 자리매김하고 있다. 생성 AI로 작성한 결과물이 거래 가치를 지니는 사례가 늘면서 AI 산출물의 법적 보호에 관한 찬반 논쟁이 치열하다. 다만 양측이 공통으로 전제하는 점은, AI 산출물을 인간 창작물과 동등하게 보호하는 것은 바람직하지 않다는 것이다. AI 산출물과 인간 창작물의 보호 차등화를 실현하기 위해서는 양자를 구분해 식별하기 위한 표시가 요구된다. AI 산출물의 보호 문제는 그 표시 규제 논의의 세 번째 배경이다.

AI와 난임 극복?

AI 산출물의 보호 가치

생성 AI는 일상의 문화생활과 산업, 예술 현장에서 다양한 방식으로 활용되어 가치 창출에 일조한다. 챗GPT와 같은 텍스트 생성 AI는 문서 작성 능률을 높여 준다. '미드저니(Midjourney)'와 같은 이미지 생성 AI를 쓰면 예술창작의 교육 훈련을 받지 않고서도 누구나 쉽고 빠르게 멋진 이미지를 만들 수 있다.

단순한 취미 활동을 넘어 직업 예술가가 디지털 아트의 새로운 표현양식을 탐구, 개척하는 데 활용되는가 하면(UK House of Commons, 2023), 영화 제작과 같은 산업적 창작활동에서도 AI 활용 폭이 확대되는 추세다. 그 밖에도 웹툰과 애니메이션 제작, 작곡 등 다양한 분야에서 생성 AI는 예술가의 상상력을 자극하거나 창작 과정을 보조하는 도구로 자리 잡고 있다.

그 결과 생성 AI의 산출물 혹은 그것을 포함하는 창작물이 일정한 경제적 가치를 지닌 재화로서 거래되는 일이 늘고 있다. AI 기술의 도움을 받아 제작된 버추얼 아이돌의 뮤직비디오가 유튜브 등의 플랫폼에서 어엿한 콘텐츠로 소비되고, 챗GPT와의 대화를 수록한 책이 서점가에서 팔린다. 남자 가수가 한국어로 부른 노래를 여가수 목소리의 외국어 곡으로 변환해 한류의 해외 진출을 도운 일, 노년의 가수가 부른 노래를 젊은 시절의 목소리로 재현해 해외에서 신규 음반을 발매한 일, 사망한 유명 배우의 목소리로 오디오북을 제작해 판매한 일(박준우, 2024) 등 생성 AI가 상거래 대상이 되는 결과물을 만들어 내는 데에 활용되는 사례가 계속 쌓이고 있다.

2018년 크리스티 경매에서 GAN 기술을 이용해 제작한 가상 인물의 초상화 〈에드몽 드 벨라미(Edmond de Belamy)〉가 43만 2500달러(약 5억 원)에 거래된 일이 AI 산출물의 최초 미술 경매 사례로 꼽힌다. 2024년 말에는 AI 로봇 아이다(Ai-Da)가 로봇 팔로 그린 작품이 소더비 경매에서 108만 달러(약 15억 원)에 낙찰된 일이 있다. 보다 최근엔 논란 속에서 2주간 진행된 크리스티의 AI 창작 작품 경매가 약 73만 달러(약 10억 5000만 원)라는 예상 이상의 실적을 거두며 2025년 3월 5일 마감되었다. 여전히 부정적 시선이 있지만, 경매 참가자의 다수가 MZ세대와 경매 경험이 없던 사람들이었다는 점에서 대중의 예술 시장 참여의 인상적인 성과로 남았다.

이렇듯 전부는 아니더라도 AI 산출물이 시장에서 거래되고 있는 현실에서, 무임승차를 막아 그 경제적 가치를 법으로 보호할 필요성에 대한 논의가 이는 것은 자연스럽다. 그러나 AI 산출물의 법적 보호를 반대하는 입장도 만만치 않다. 앞서 언급한 2025년의 크리스티 경매가 공지되자 4000여 명의 예술가들이 행사 개최에 반대하는 서명 대열에 참여했다. 이 행사가 인간의 창작물을 착취적으로 학습한 생성 AI의 결과물, 법적으로도 보호 가치가 없는 AI 산출물을 비호한다는 이유에서였다.

이와 같은 AI 산출물 보호 논쟁은 표시 문제를 이끌어내는 다른 배경이 된다. 어째서일까? 먼저 AI 산출물 보호 논의의 양상을 살펴보고, 표시 규제와의 접점을 알아보자.

AI 산출물 보호에 관한 논의

AI 산출물의 법적 보호라는 주제는, 산출물이 갖는 표현 층위의 가치가 주로 문제되기에 창작적 표현인 저작물을 보호하는 저작권법의 분야에서 논의된다. 그리고 이 주제는 다시 AI 산출물의 보호 여부, 만약 보호한다면 누구에게 권리와 이익을 돌릴 것인가 하는 문제, 그리고 어떤 권리나 법적 수단으로 보호할 것인가로 나뉜다. 두 번째와 세 번째 문제는 AI 산출물을 법으로 보호한다는 첫 번째 문제의 결론이 전제되어야 한다. 그런데 이 첫 번째 문제부터 거센 반대 입장이 존재한다.

그 이유는 앞서 이야기했듯 법적 수단의 후보로서 가

장 유력한 저작권이 '인간의' 표현만을 보호 대상으로 삼기 때문이다. 따라서 "인간이 아닌 AI가 만들어 낸 표현은 저작권으로 보호할 가치가 없다"는 것을 보호 반대 측에서는 주장한다. 저작권 보호를 인간의 창작물로 국한하는 것은 인간의 창작활동을 장려한다는 저작권 보호제도의 목적에 기인한다. 인간이 창작하지도 않은 AI 산출물을 저작권으로 보호하는 것은 인간 창작활동의 장려에 전혀 기여하지 못하고, 오히려 인간 창작의 수요를 대체해 인간의 창의성을 절멸시킬 수 있다는 것이다. 저작권법이 창작자에게 일정 기간 저작물에 독점적 권리를 주는 것은 창작활동에 매진할 경제적 유인(Incentive)을 부여하려는 것인데, 별다른 창작적 노력 없이 기계적 방법으로 생산되는 AI 산출물에는 그러한 인센티브가 필요 없다는 (혹은 그 필요성에 관한 경험적 증거가 없다는) 주장도 있다.

보호 반대론이 기반을 두는 현행 저작권법제의 목적과 해석, 그리고 부정적 전망은 각국의 정책적 태도에도 반영되고 있다. 미국 저작권청은 지침(U.S. Copyright Office, 2023)을 통해 AI 산출물을 인간이 선택, 조정, 배열해 편집한 것은 저작물에 해당하지만 순수한 AI 산출물은 저작권 등록 대상이 될 수 없다는 견해를 밝혔고,

최근 발간한 보고서에서도 유사한 입장을 유지했다(U.S. Copiyright Office, 2025). 저작권청은 지역 미술대전에서 대상을 받아 경제적 가치가 인정될 만한 〈우주 오페라 극장(Theatre D'opera Spatial)〉이라는 미드저니 생성 작품을 비롯해 AI 산출물의 여러 저작권 등록 신청을 거절해 왔다. 물론 경제적 가치가 곧바로 저작권 보호가치로 치환되는 것은 아니다. '원숭이 셀카'로 유명해진 한 사진은 책에 수록돼 판매되고, 상업 블로그의 무단 게재를 둘러싸고 저작권 분쟁이 발발하는 등 그 거래가치를 보여 주는 여러 사정이 있었다. 그럼에도 미국 저작권청은 인간 창작이 아니라는 이유로 이 사진의 저작권 등록을 거절했고, 그러한 결정의 타당성에 아무도 의문을 제기하지 않는다. 하지만 AI 산출물이 수도 없이 생산되고 거래되는 엄연한 현실을 법이 외면하는 것은 바람직하지 않다는 지적도 있다(윤종민, 2023; Caldwell, 2023).

참고로, 2023년 중국의 베이징인터넷법원이 '스테이블 디퓨전(Stable Diffusion)'을 활용해 생성한 가상 모델의 이미지에 저작물성을 인정하는 판결을 선고하는 등 미국과는 다른 해석 및 정책적 입장도 보인다. 미국 저작권청도 AI 산출물에 대해 전적으로 저작물이 될 수 없다는 것은 아니다. 단순한 프롬프트 입력이 아닌 인페인팅

기법을 활용해 창작한 이미지에 2025년 1월 저작권 등록을 허가한 일도 있다(Invoke, 2025.2.1). 학계에서도 생성 AI 모델을 이용해 산출물을 제작하는 과정은 많은 경우 인간의 창작행위로 평가될 수 있다는 전향적 주장이 늘고 있다(김윤명, 2024; 이해완, 2024; 류시원, 2024b). 다만 미국 저작권청은 프롬프트 입력이 주된 조작 방법인 오늘날 대부분 생성 AI의 작동을 인간 창작이 아닌 기계적이고 확률적 과정으로 취급한다. 따라서 다수의 AI 산출물은 여전히 저작물로 인정받기 어려운 것이 사실이다. 2024년 체코에서도 달리(DALL-E)를 활용해 생성한 이미지에 미국 저작권청과 유사한 기준을 적용해 저작권 보호를 인정하지 않는 판결이 선고되는 등 현재까지는 AI 산출물의 저작권 보호에 대해 부정적 결론이 나온 사례가 더 많다.

이상과 같이 각국 저작권법 해석과 정책적 입장에 따라 AI 산출물이 현행 저작권 보호체계로 손쉽게 편입되리라고 전망하는 것은 무리다. 우리나라에서는 AI 산출물의 저작권 보호를 인정한 법원 판결은 보이지 않고, AI를 활용해 제작한 영상물을 편집저작물로 등록한 〈AI 수로부인〉과 같은 일부 사례가 있을 뿐이다. 문화체육관광부와 한국저작권위원회의 기본 입장도 미국 저작권청과 크게 다르지 않다(문화체육관광부 · 한국 저작권위원회, 2023). 다만 문화체육관광부는 2025년 초 '문화한국 2035' 비전을 선언하고, 그 핵심 프로젝트의 하나로 "AI 산출물 저작권 등록 기준을 정비해 2025년 상반기에 가이드라인을 발간하겠다"고 발표해(문화체육관광부, 2025) 전보다 조금은 적극적인 입장을 내비쳤다. 향후 추이를 지켜볼 필요가 있다.

보호 차등화와 AI 산출물 표시 규제

AI 산출물의 법적 보호에 찬성하는 입장에는 다양한 스펙트럼이 존재한다. 그러나 이들도 대체로 반대론 측에서 제기하는 저작권 보호 가치 및 정당화 근거 부족과, 인간 창작환경에 미칠 부정적 효과에 대한 우려를 외면하고 있지 않다. 보호에 찬성하는 견해들도 AI 산출물의 생산량과 속도에 비추어 보호 기간, 보호 정도 측면에서 인간 창작물에 비해 낮은 수준으로 보호하는 것이 합당하다는 공감대를 형성하고 있다. 국회 임기 만료로 폐기되긴 했지만, 제21대 국회에서 주호영 의원이 대표발의한 '저작권법 개정안(법안번호 6785호)'이 위와 같은 시각을 반영하고 있다. 법안은 "인공지능 저작물"을 보호되는 저작물 형태로 포함하되, 본래의 저작권 보호종기인 저작자 사망 후 70년보다 훨씬 짧은, 공표 후 5년까지만 보호하자는 내용의 개정을 제안했다.

결국 AI 산출물 보호를 전적으로 반대하는 입장이건, 저작권 보호에 찬성하는 측에서건 공통으로 전제하는 사항은 인간 창작물과는 차등화해야 한다는 것이다. 그런데 AI 산출물은 그 외관에서 인간이 창작한 표현과 구분하기 어렵다. 따라서 법적 보호 '여부'에서 차이를 두건 보호 '정도'에 차이를 두건, 법적용을 통한 보호 차등화의 실현 단계에서 당장 인간 창작물과 구분해야 하는 문제에 봉착한다. 이러한 이유에서 AI 산출물이 인간의 창작이 아니라 생성 AI의 작동 결과로서 인간 창작물과 달리 취급되어야 한다는 사실을 지시하는 '표시'의 요구가 생겨난다. 앞서 소개한 제21대 국회의 '저작권법 개정안' 역시 "인공지능 저작물"에 저작권 등록 시 AI가 제작한 저작물임을 "표기"해야 한다는 내용 및 거짓으로 표기한 자를 형사 처벌하는 내용의 규제 조항을 보호 규정과 함께 마련했다.

실재와 가공의 혼동에 따른 지식과 정서 차원의 혼란을 표시 규제의 근거로 주장하는 입장이 딥페이크 등의 구체적 위험에 주목한다면, AI 산출물의 차등적 보호 논의는 사람이 만든 것인지 아닌지 사이에서 발생하는 혼동에 관심을 둔다. 이 관점은 딥페이크 기타 사실의 조작과는 큰 관련이 없는, 실재가 아님이 명백하게 드러나는 산출물에도 표시의 요구를 발생시킨다. 이와 같이 AI 산출물 보호 차등화 논의는 AI 산출물 표시 규제 문제로 옮겨 가는 또 다른 연결점이 된다.

참고문헌

김윤명(2024). 생성형AI의 프롬프트 창작에 대한 저작권법적 고찰. ≪저스티스≫, 200.

류시원(2024b). 생성형 AI 프롬프트 입력에 대한 저작권법상 평가. ≪계간 저작권≫, 148.

문화체육관광부(2025.3.6). 대한민국 문화정책 대전환 '문화한국 2035' 발표. https://www.mcst.go.kr/kor/s_notice/press/pressView.jsp?pSeq=21690&pMenuCD=0302000000&pCurrentPage=1&pAction=&pCntPerPage=10&pTypeDept=&pSearchType=01&pSearchWord=

문화체육관광부 · 한국저작권위원회(2023). 생성형 AI 저작권 안내서. https://www.copyright.or.kr/information-materials/publication/research-report/view.do?brdctsno=52591

박준우(2024). 인공지능(AI) · 딥페이크 생성물의 퍼블리시티권 침해 연구. ≪산업재산권≫, 79.

윤종민(2023). 인공지능(AI) 창작물의 저작권관계 정립 방향. ≪강원법학≫, 73.

이해완(2024). 인공지능 생성물에 대한 저작권 보호의 조건으로서의 '인간의 창작적 기여'. ≪산업재산권≫, 79.

Caldwell, M.(2023). What Is an "Author"? – Copyright Authorship of AI Art Through a Philosophical Lens. *Houston Law Review*, 61.

Invoke(2025.2.1). Invoke Secures Copyright in Landmark Ruling for AI–Assisted Artwork. https://www.invoke.com/post/invoke-receives-copyright-in-landmark-ruling-for-ai-assisted-artwork

UK House of Commons Culture, Media and Sport Committee(2023). *Connected tech: AI and creative technology*. 11th report of Session 2022–23.

U.S. Copyright Office(2023). *Copyright Registration Guidance: Works Containing Material Generated by Artificial Intelligence*, 88(51) Fed. Reg. 16190.

U.S. Copyright Office(2025). Copyright and Artificial Intelligence. Part 2: Copyrightability. https://www.copyright.gov/ai/Copyright-and-Artificial-Intelligence-Part-2-Copyrightability-Report.pdf

04
AI 산출물 생애주기의 이해

AI 산출물은 생성 AI 서비스에서 탄생해 온라인 유통과 콘텐츠 소비로 이어지는 일반적 생애주기를 갖는다. 생애주기 단계마다 다른 이해관계인이 등장한다. 표시 규제의 초점 역시 단계별로 다르다. 생성 단계에서는 표시정보의 생성과 부착에, 유통 단계에서는 적극적 보존과 전달에, 소비 단계에서는 삭제되거나 훼손되지 않도록 하는 소극적 보존이 주된 관심사가 된다. 표시 규제 설계의 기초를 놓기 위해 AI 산출물의 생애주기와 그 단계별 이해관계인들을 살펴본다.

AI와 사주?

생애주기

산업공학에서 '생애주기(Life Cycle)'란 용어는 어떤 제품이나 프로세스가 시작부터 마지막까지 거치는 일련의 단계를 일컫는다. 단계별로 관리해야 할 대상의 성질, 양상, 영향, 경제적 상호 작용 맥락 등이 다를 수 있음을 전제로 생애주기 개념은 체계적 분석 및 목표 수립에 자주 동원된다.

AI에도 생애주기가 검토되는 예가 있다. 대표적으로 OECD는 AI 시스템의 생애주기를 ① 계획 · 설계, ② 데이터 수집 · 처리, ③ 모델 구축 · 응용, ④ 시험 · 평가 · 검증, ⑤ 이용 제공, ⑥ 운영 · 모니터링의 여섯 단계로 구분하고 있다(OECD, 2019b). 앞의 세 단계는 '설계 · 데이터 · 모델링'의 하부 단계로 압축해서 제시되기도 한다(OECD, 2019c). 미국 국립표준기술연구소(NIST, National Institute of Standards and Technology)가 발표한 보고서도 AI 위험 관리체계의 기초로서 OECD와 동일한 생애주기 구분을 제시한다(NIST, 2023). 위의 구분은 AI 거버넌스 관점에서 관련 이슈들을 적시에 식별하기 위해서, 혹은 AI 가치 원칙의 반영 전략을 AI 시스템 단계별로 정식화하기 위한 분석 틀로서 활용된다(Mäntymäki et al., 2023).

이처럼 AI 관련 생애주기 논의는 주로 'AI 시스템'에 초점이 맞춰져 있다. AI 산출물의 생애주기는 이와 조금 다르다. AI 산출물은 AI 시스템 생애주기 도중에 태어나, AI 시스템과는 독자적 길을 걷는다. AI 시스템의 운영이 중단되더라도 그 운영 중에 생성된 AI 산출물은 계속 남아 유통 · 소비될 수 있다. AI 산출물이 그 생애의 시작부터 끝까지 단계마다 관여하거나 영향을 받는 다양한 이해관계인들(Stakeholders)이 있다. 표시 규제 관점에서 AI 산출물의 생애주기에 관심을 갖는 이유는 결국 단계별 이해관계인들이 바로 표시 규제의 적용을 받을 후보로 우선 고려되기 때문이다. 각 단계의 기술적 성격에 따라 AI 산출물 표시와 관련하여 요구되어야 하거나 요구할 수 있는 규제 내용도 다르게 설정되는 것이 바람직하다는 점도 AI 산출물 수명주기에 관심을 가지는 이유다.

AI 산출물의 생애주기와 이해관계인들

AI 산출물은 생성 AI 서비스와 그 이용자의 상호작용 결과로 만들어진다. 따라서 AI 산출물 생애주기의 시작에는 생성 AI 서비스 제공자와 이용자라는 두 이해관계인이 존재한다. 자체 개발한 AI 모델이 서비스에 적용되면 AI 모델 개발자와 서비스 제공자가 일치하지만, 파운데

이션 모델을 미세 조정하는 방법 등으로 응용서비스를 개발해 제공하는 사업 모델을 가진 서비스 제공자도 있고, 두 방식을 병행하는 사업자도 당연히 존재한다. 생성 AI 모델 혹은 서비스를 제공하는 측과 이를 이용하는 측은 학문과 영업의 자유, 표현의 자유에 관계된 이익을 누린다. 이들의 이익은 숨은 이해관계인들의 이익과 충돌할 수 있다. AI 산출물에 의해 침해될 수 있는 개인정보나 초상권의 주체, 저작권자 등의 이익이 바로 그것이다. 더 넓게는 AI 산출물이 가져오는 사회적 위험의 영향 아래에 놓인 공중의 이익까지 포함한다.

생성 AI 서비스 제공자와 이용자는 AI 산출물의 생성 과정에서 직접 이익을 누리므로 그에 상응하는 책임도 부담한다는 사고는 자연스럽다. 따라서 이해관계 조정을 위해 표시와 관련된 행위를 요구하려면 이들을 먼저 주목해야 한다. 표시의 필요성이 있는 AI 산출물이 처음 생성되는 단계이므로 주된 규제 관심사는 표시정보의 생성, 부착이 된다. 그렇다면 둘 중 누구에게 표시를 요구해야 할까?

만약 모든 AI 산출물에 표시를 하는 것이 바람직하다면 서비스에 일률적으로 기술 조치를 적용하는 것이 효율적이므로 생성 AI 서비스 제공자가 표시를 하는 것이 합리적이다. 위험을 내포한 AI 산출물만을 표시 대상으로 정한다면 그 위험을 평가할 수 있는 시점은 특정한 AI 산출물이 생성된 이후일 것이다. 이런 경우엔 이용자에게 표시를 요구하는 것이 자연스럽다. 누군가가 스스로 구축한 모델로 AI 산출물을 만들어 낸다면 서비스 제공자와 이용자의 지위를 겸하고 있는 그에게 당연히 표시 정보의 생성, 부착을 요구해야 한다. 한편 AI 서비스 제공자는 표시 도구를 제공하고, 이용자는 제공된 표시 도구를 성실하게 사용하도록 하는 협력 내지 책임 분담형의 규제 설계도 가능하다. 산출물의 생성 시점과 시간적 · 인과적 거리가 더 먼 AI 모델 개발자에는 보다 일반적인 사항(예: 표준기술 채택 등)을 요구할 수 있다. 이러한 원리를 반영해, 유럽연합 'AI법' 제50조는 딥페이크 사실 공개에 관해 'AI 시스템 제공자'에게 표시의 기술적 보장에 관한 일반적 의무를 부과하고(제2항), 비-개인 AI 시스템 이용자인 '배치자(Deployer)'에게는 적극적 공개(Disclosure) 의무를 부과해(제4항) 양자를 구분한다.

두 번째는 유통 단계다. 디지털 콘텐츠인 AI 산출물은 온라인의 다양한 경로로 유통되고 전파된다. AI 산출물의 유통 단계에서 새로운 이해관계인이 등장한다. 콘텐츠 유통에 관여하는 언론기관, 포털 사업자, SNS 사업자,

동영상 플랫폼 등이다. 생성 단계에서 AI 산출물에 표시정보가 부착됐을 때, 본 유통 단계에서는 규제의 관심이 표시정보의 '보존'과 '전달'에 맞춰진다. 만약 표시정보가 사람의 눈에는 보이지 않는 전자적(Electronic) 형태로 콘텐츠 파일 안에 기록되었다면, 유통 과정의 이해관계인에게 그 표시정보를 읽어 사람이 인식할 수 있는 형식으로 외부에 표출하도록 요구할 수 있다. SNS나 미디어 플랫폼 사업자가 이용자들에게 생성 AI 서비스를 함께 제공한다면 서비스 제공자에 대한 요구가 이들에게도 적용된다.

AI 산출물 생애주기의 마지막은 대중이 콘텐츠를 소비하는 단계다. 이때의 소비는 콘텐츠를 감상하거나 정보를 획득하는 콘텐츠 유통의 종착지일 수도 있지만, 콘텐츠 소비자가 AI 산출물을 다른 창작의 소재로 사용하거나 변형을 가해 다시 전파하는 방법으로 재이용할 수도 있다. 그 과정에서 생성 AI 서비스를 이용한다면 또 다른 첫 단계의 이용자가 될 수 있다. 아무튼 이 단계에서는 규제 대상이 불특정 다수의 대중이 되기 때문에, 그 실효성을 생각할 때 규제에 신중할 필요가 있다. 이러한 점에서 이 단계에서는 AI 산출물에 부착된 표시정보를 훼손하거나 제거하지 말아야 한다는 최소한의 사항만을 소극적으로 요구하는 규제가 적당할 것이다.

정리하면 다음과 같다. AI 산출물의 생애주기는 크게 생성, 유통, 소비의 세 단계로 나뉜다. 첫 번째 단계에서는 AI 모델 · 서비스 제공자와 이용자가 주요 이해관계인이 되며, 두 번째 및 세 번째 단계에서는 각각 콘텐츠 유통사업자와 콘텐츠 소비 대중이 추가된다. 단계별 표시 규제의 초점은 ① 생성 단계는 표시정보의 생성 · 부착, ② 유통 단계는 표시정보의 보존 · 전달, ③ 소비 단계에서는 표시정보의 제거 · 훼손 금지(소극적 보존)에 각각 맞추어진다. AI 산출물 생애주기의 각 단계별 이해관계인과 표시의 관심사를 이해하는 것은 AI 산출물 표시 규제의 구체적 설계의 출발점이다.

참고문헌

NIST(2023). Artificial Intelligence Risk Management Framework(AI RMF 1.0). https://nvlpubs.nist.gov/nistpubs/ai/nist.ai.100-1.pdf

Mäntymäki, M. et al.(2023). Putting AI Ethics into Practice: The Hourglass Model of Organizational AI Governance. arXiv:2206.00335 [cs.AI].

OECD(2019b). Recommendation of the Council on Artificial Intelligence. https://legalinstruments.oecd.org/en/instruments/OECD-L

EGAL-0449
OECD(2019c). Artificial Intelligence in Society. https://www.oecd.org/en/publications/artificial-intelligence-in-society_eedfee77-en.html

05
AI 산출물 표시 기술

AI 산출물 표시정보의 생성 및 검출을 자동화하는 기술은 규제 목표 실현의 유용한 도구가 된다. 이러한 기술은 AI 산출물의 생애주기 동안 표시정보가 견고하게 보존될 것이 요구된다. 주요 기술 흐름인 메타데이터와 워터마킹의 내용 및 그 한계를 알아본다. 개별 기술의 한계는 복수의 기술 수단을 상호 보완적으로 활용해 어느 정도 극복될 수 있다. 그러나 궁극으로 기술의 한계를 규범적 통제로 보완하는 길이 모색되어야 한다.

AI와 아이돌?

기술에 의한 기술의 규제

첨단기술일수록 그 기술이 사회와 개인에게 미치는 효과는 깊고도 넓다. 따라서 첨단기술이 초래하는 위험을 사람의 힘만으로 관리할 수 있다고 기대하는 것은 안이한 생각이다. 첨단기술이 낳는 위험은 그 기술을 안전한 범위 내에서 통제하는 또 다른 기술적 수단을 통해 효과적으로 다루어질 수 있다. 기술에 의한 기술의 규제, 바로 '기술적 규제'다.

생성 AI 기술도 마찬가지다. AI 산출물 표시는 아주 단순하게는 AI 산출물 겉에 생성 AI 기술로 만들어진 것이라는 뜻의 문자나 로고를 삽입하는 것을 생각할 수 있다. 그리고 다시 단순하게 생각하면 AI 산출물의 작성자가 그 표시 문구 · 로고를 수동으로 부착할 수 있다. 하지만 작성자의 임의에 기대는 방법으로는 원하는 규제 효과를 달성하기 어렵다. 설사 법으로 강제하더라도 마찬가지다. 개별 작성자에게 표시를 요구하고 준수 여부를 감시하는 데 상당한 비용이 든다. 또한 모든 작성자가 성실하게 표시를 했더라도 그 표시가 AI 산출물의 전 생애주기에 걸쳐 제대로 보존되지 않고 제거된다면 최초에 표시를 한 사실은 아무 의미를 가지지 못하기 때문이다.

AI 산출물 표시에 관한 기술 연구는 이런 문제를 배경으로 한다. 기술적 규제의 일반적 흐름과 마찬가지로 AI 산출물 표시 기술도 자동화(Automation)를 지향한다. 표시정보가 AI 산출물 생성 단계에서 자동으로 생성되고 유통 과정에서 자동으로 전달, 표출되는 것을 목표로 한다. 외부의 조작으로부터 표시 정보를 안전하게 보존하는 것에도 관심을 기울인다. 대개 자율규제 프로그램의 일환으로 민간 기업들을 주축으로 여러 방향에서 연구가 진행되고 있다. 그러나 이러한 기술은 법규범에 의한 강제규제가 기본이 되는 경우에도 규제의 비용을 낮추고 목표를 효과적으로 달성하는 데 도움이 될 수 있다. 따라서 정책의 설계와 집행을 담당하는 정부기관도 기술과 표준화 동향에 관심을 기울일 필요가 있다.

메타데이터와 워터마킹 기술

AI 산출물 표시 기술의 큰 두 갈래 흐름은 메타데이터(Metadata)와 워터마킹(Watermarking)이다. 이 중 메타데이터는 미디어 파일 내부에 콘텐츠에 관한 정보를 삽입하는 기술이다. 메타데이터는 파일의 헤더(Header) 등의 위치에 삽입돼 콘텐츠 데이터에 영향을 주지 않고 콘텐츠의 생성 일시나 장소와 같은 다양한 맥락 정보를 전달할 수 있다. 사진 및 이미지 파일에 관한 표준인 'IPTC(International Press Telecommunications Council)'나 음반, 영화 등 디지털 미디어 배포 표준인 'DDEX(Digital Data Exchange)'를 확장해 AI 산출물에 관한 정보를 담을 수 있는 전용 태그를 추가하는 방안 등이 시도되고 있다. 이처럼 확립된 기존 표준을 확장하는 방식의 접근은 새로운 표준을 제정하는 것에 비해 빠르게 보급, 정착할 수 있는 장점이 있다(류시원, 2024a).

메타데이터의 한 형태로 이력관리(Provenance) 기술이 있다. AI 도구를 이용해 콘텐츠를 생성하는 전 과정의 정보를 상세하게 기록하는 기술이다. 태그 항목에 따라 비교적 단순한 정보만을 담을 수 있는 기존의 메타데이터 표준에 비해 편집 과정의 매 단계에서 AI 도구의 이용 내역을 기록할 수 있어 진화된 메타데이터 기술이라 할 수 있다. 대표적으로 생성 AI 기술을 탑재한 편집도구인 파이어플라이(Firefly)를 보유하고 있는 어도비(Adobe)를 주축으로 구글, 마이크로소프트, 메타, 오픈AI 등의 기업과, BBC, NHK 등 언론사, 그 밖에 다양한 기업, 저작권단체, 공익단체들이 참여한 'C2PA(Coalition for Content Provenance and Authenticity)'에서 개발하고 있는 표준이 있다. 2024년 9월 버전 2.1까지 발표된 C2PA 표준은 생성 AI 도구를 이용한 콘텐츠 편집의 각 단계 정보를 매니페스트(Manifest)라는 데이터 모듈 단위로 가공해 콘텐츠 파일에 바인딩(binding)하는 방식을 따른다. 편집 단계마다 매니페스트를 생성해 파일에 추가하기 때문에, 전체 편집 과정의 어떤 단계에서 어떤 생성 AI 도구가 어떤 방식으로 사용되었는지 상세 내역이 누적돼 기록된다. 매니페스트에는 '개인키암호화기반(PKI, Public Key Infrasturucture)'으로 서명된 인증서가 통합되기 때문에, 생성 AI 도구가 쓰인 AI 산출물의 생성 과정에 관한 이력정보가 그 생애주기 내에서 암호화 기술에 의해 안전하게 보관 · 전달되도록 지원한다(C2PA, 2024).

워터마킹은 또 다른 기술 흐름이다. 미디어 파일의 내부에 사람이 식별할 수 없는 데이터 패턴이나 노이즈를 강제로 삽입해 정보를 전달하는 기술이다. 메타데이터가 콘텐츠 데이터를 피해 파일 내 별도 장소에 정보를 저장하는(즉, 콘텐츠 데이터에 영향을 주지 않는) 것과 달리, 워터마킹은 콘텐츠 데이터를 직접 건드린다. 적용된 원리에 따라, AI 산출물의 콘텐츠 데이터를 구성하는 최하위 비트를 조작하는 '공간 기반 워터마크', 콘텐츠 데이터를 주파수 영역(Domain)으로 변환한 뒤에 패턴이나 노이즈를 삽입하는 '변환 기반 워터마크', 산출물 생성 시 사람이 식별할 수 없는 패턴을 삽입하도록 AI 모델을 학습시키는 '학습 기반 워터마크' 등으로 구분된다. 사람이 식별할 수 있는 표지를 콘텐츠 위에 덧씌워 시각 혹은 청각적으로 표시하는 기술도 넓은 의미에서는 워터마킹에 포함할 수 있지만, 이러한 "인지 가능 워터마크"는 기술적으로 극히 단순해 소개를 생략한다(과학기술정보통신부 · 한국정보통신기술협회, 2025).

워터마킹 기술은 다양한 미디어 형식에 대해 연구되고 있다. 구글 딥마인드의 'SynthID'라는 워터마킹 기술은 본래 이미지, 비디오, 오디오 데이터를 위해 개발됐지만 최근엔 텍스트 데이터로 그 적용범위를 확장했다. "SynthID-Text"라고 명명된 이 기술은 LLM이 출력 토큰 선택에 참조하는 확률값에 특정한 조정값 패턴을 적용하면 출력된 문장 · 문단에서 패턴을 감지할 수 있다는 아이디어를 기반으로 한다(Google DeepMind, 2024). 그러나 여전히 대부분 워터마킹 연구는 텍스트보단 시각적 미디어 유형에 집중되어 있다. 조금 다른 흐름으로, 워터마킹되어 있지 않은 AI 산출물을 검출하는(Detect) 기술에 관한 연구도 있다.

기술적 한계

기술의 지원을 받아 AI 산출물이 생성되는 단계에서 표시정보가 자동으로 생성되어 콘텐츠 파일에 부착되면, 이용자의 행동을 요구하거나 감시하지 않아도 된다. 그러나 표시 규제의 목적이 실질적으로 달성되려면 위험이 실제 발생하는 국면, 즉 AI 산출물이 유통, 소비되는 단계까지 그 정보가 잘 보존되어야 한다. 이에 따라 AI 산출물 표시 기술에는 공통적으로 강인성(Robustness)이 요구된다. 단순한 메타데이터의 경우 파일 헤더의 조작 등을 통해 쉽게 제거하거나 내용을 변조할 수 있어 강인성 면에 취약하다. 암호화가 적용된 C2PA 메타데이터는 변조하기 어렵지만, 파일 내에 콘텐츠 데이터와 분리 기록되므로 그 제거가 불가능한 것은 아니다. 메타데이터가 삽입된 콘텐츠 파일이 일부 SNS 플랫폼에 업로드될 때 제거될 수 있다는 보고도 있다(류시원, 2024a).

반면 워터마크 데이터는 콘텐츠 데이터에 일체로 결합해 있어 메타데이터가 갖는 제거 · 변조 취약성에서 비교적 자유롭다. 그러나 워터마크 데이터도 이미지 압축, 회전, 잘라내기, 색상 필터, 해상도 조정과 같은 콘텐츠 데이터 편집 과정에서 손상되어 탐지할 수 없는 경우가 많다. 이를 의도적으로 손상 또는 제거하기 위한 적대적 공격기법들도 다양하게 개발되고 있다. 이에 대해 외부 공격으로부터 강인성을 높이는 방향의 새로운 워터마킹 기술 · 기법에 관한 연구도 경쟁적으로 이루어지고 있다. 하지만 강인성의 향상은 사람이 식별하기 어려워야 한다는 워터마킹의 기본적인 요구와 트레이드오프(Trade off) 관계가 있기 때문에 무턱대고 강인하게 만들 수는 없다(류시원, 2024a)

특히 텍스트 데이터는 두 기술 모두 적용에 제한이 있다. 텍스트는 파일 형식이 표준화되어 있지 않고 LLM의 출력이 날것의 문자열이기 때문에 메타데이터 삽입이 현실적으로 불가능하다. 텍스트를 대상으로 한 워터마킹 기술이 속속 제안되고 있지만 이미지나 비디오 등에 비해 기술적 도전이 크다(NIST, 2024). 구글 딥마인드 연구진이 2024년 10월 ≪네이처(Nature)≫에 발표한 SynthID-Text 논문에서 인정한 바와 같이, LLM에 적용된 텍스트 워터마킹 데이터는 사람이 출력된 텍스트를 편집하거나 다듬는(Paraphrasing) 일상적인 작업 과정에서 손상될 수 있다는 한계가 있다(Dathathri et al., 2024).

각 기술이 갖고 있는 제약은 그 기술 자체의 속성과도 관련이 있다. 이에 따라 각각의 기술을 발전시키는 방향의 연구와 더불어, 복수의 기술을 병용해 상호 보완하는 방안도 검토되고 있다. 2024년 2월 메타는 이용자들이 "메타 AI 기능(Meta AI feature)"을 사용해 작성한 이미지에 IPTC 메타데이터와 비가시적 워터마크를 적용할 것이며, C2PA 표준에 따른 도구도 개발 중이라고 밝혔다(Meta, 2024). 오픈AI는 2024년 8월 텍스트 및 이미지 산출물에 메타데이터와 워터마킹 솔루션 개발을 함께 진행하고 있다고 발표했다(OpenAI, 2024). 이와 같은 복수의 기술들 간의 상호 보완도 의미 있는 접근이지만, 궁극적으로는 기술적 규제를 규범적 통제 수단으로 보완하는 길이 그와 더불어 모색돼야 한다.

참고문헌

과학기술정보통신부 · 한국정보통신기술협회(2025). 인공지능(AI) 워터마크 기술 동향 보고서. https://www.msit.go.kr/bbs/view.do?sCode=user&bbsSeqNo=94&nttSeqNo=3185395

루시원(2024a). 인공지능 산출물 표시 규제 방안의 검토. ≪저스티스≫, 205.

C2PA(2024). C2PA Specifications. https://c2pa.org/specifications/specifications/2.1/index.html

Dathathri, S. et al.(2024). Scalable watermarking for identifying large language model outputs. *Nature*, 634.

Google DeepMind(2024). SynthID.
https://deepmind.google/technologies/synthid/

Meta(2024.2.6). Labeling AI-Generated Images on Facebook, Instagram and Threads.
https://about.fb.com/news/2024/02/labeling-ai-generated-images-on-facebook-instagram-and-threads/

NIST(2024). Reducing Risks Posed by Synthetic Content. NIST AI 100-4.

OpenAI(2024.8.4). Understanding the source of what we see and hear online.
https://openai.com/index/understanding-the-source-of-what-we-see-and-hear-online/

06
자율규제와 강제규제

민간 참여자들의 자율적 AI 산출물 표시 규제 활동과, 이를 지원하는 표시 기술의 개발이 전개되고 있다. AI 기업들의 정책과 모니터링 활동 등으로 가시적 성과도 나타나고 있다. 그러나 자율규제 원리에 기반을 둔 이러한 접근은 참여자들 간의 이해관계 불일치, 표준화 비용의 문제와 참여 유인의 과제, 악의적 이용자에 대한 제재의 한계 같은 문제들을 안고 있다. 자율규제의 이 같은 한계는 강제규제로 눈길을 돌리게 한다.

AI와 야구?

규제의 의의

'규제'라는 말은 학문적 탐구와 사회 · 경제 분야의 일상 영역에서 빈번하게 사용된다. 용례가 다양한 만큼 용어의 의미가 통일되어 있지 않기도 하다. 먼저 그 말이 표면적으로 갖고 있는 뜻을 보면, '규제(規制)'는 규칙으로 무언가를 제한하거나 통제한다는 인상을 준다. 따라서 규제는 규칙 제정 권한을 가진 권력기관의 행위로 여기기 쉽다. 우리나라 행정규제기본법에서는 규제를 '행정규제'와 같은 의미로 사용하며, "국가나 지방자치단체가 특정한 행정 목적을 실현하기 위해 국민의 권리를 제한하거나 의무를 부과하는 것으로서 법령 등이나 조례 · 규칙에 규정되는 사항"으로 정의한다. 이와 유사하게, 규제정책 분야 권위자인 서울대학교 최병선 명예교수는 규제를 "정부의 강제력으로 '사회' 문제들을 바로잡거나 해결할 목적으로 제안된 행동들"로 정의한다(최병선, 2023). 이처럼 규제라는 용어는 대개 정부가 일정한 목적에 따라 강제력을 동원해 하는 행위를 가리킨다.

그러나 '규제'가 항상 공권력을 가진 행위 주체를 전제하는 것은 아니다. 민간의 자발적 통제 노력을 뜻하는 '자율규제(Self-regulation)'도 널리 쓰이는 말이기 때문이다. 이쯤 되면 규제가 과연 무엇인지 아리송하다. 규제라는 용어는 국내뿐 아니라 해외에서도 다양한 의미로 사용된다. 영국에서 수행된 한 연구에서는 경영, 경제, 법, 정치, 행정, 사회학의 6개 분야에서 각각 평균 피인용 횟수가 높은 문헌을 20건씩 추린 뒤, 총 100건이 넘는 문헌에서 "규제(Regulation)"란 말을 어떻게 쓰고 있는지를 검토했다. 결론은 조사된 문헌들이 '규제'라는 용어를 지나치게 다양한 의미로 쓰고 있어 "대상 집단에 대한 의도적인 개입"이라는 매우 추상적 차원에서만 공통점이 추출된다는 것이다. 개입의 방법은 대개 직접적이지만 간접적인 개입도 있고, 행위자가 공적 주체인 경우가 많지만 사인에 의한 규제의 의미로도 쓴다. 경제활동 개입이라는 의미가 많지만 경제 외 영역에서도 규제란 표현이 사용된다(Koop & Lodge, 2017).

서두에서 언급한 규제는 '규제'라는 용어를 대표하는 강제규제를 가리킨다. 좁은 의미의 규제다. 반면 위 연구가 시사하는 보다 넓은 의미의 규제는 자율규제까지도 포함한다. 두 가지 모두 어떤 현상에 특정한 목적을 가지고 개입하는 행위라는 공통점이 있다. AI 산출물 표시의 맥락에서는 그 표시의 상태 및 효과를 이끌어 내기 위해 AI 산출물 생애주기에서 개입하는 행동을 널리 '규제'라고 부를 수 있다.

자율규제와 강제규제의 흐름

AI 기술에 대한 규제는 처음엔 자율규제의 방향으로 전개되었다. 2017년 아실로마 AI 원칙을 포함해 초기의 주요 AI 원칙 묶음으로 꼽히는 6개의 이니셔티브 중 4개가 민간 주도의 활동이었다. 여기엔 몬트리얼대학교(University of Montreal)가 주도한 2017년 '몬트리올 선언(The Montreal Declaration for Responsible AI)', 국제 학술단체인 전기전자공학자협회(IEEE)가 2017년 발표한 '일반원칙(General Principles)', 민간 단체인 AI 파트너십(Partnership on AI)의 2018년 'AI 파트너십 원리(The Tenets of the Partnership on AI)'가 포함된다(Floridi & Cowls, 2019). 이러한 원칙 제정은 AI 생태계 참여자들이 신뢰할 수 있는 AI의 조건을 자율적으로 정의하려는 시도였다.

AI 원칙에 기반을 둔 기업들의 거버넌스 구축 시도는 역시 민간이 주도한 AI 산출물 표시 기술의 연구와 병렬적으로 이루어졌다. 정부가 요구하지 않았지만 C2PA와 같은 기술 표준 개발을 위해 여러 기업과 단체들이 협력하고 있다. 학계의 연구와는 별도로, 오픈AI, 메타, 구글 등 생성 AI 기술 기업들이 자체적인 워터마킹 기술을 개발 중이다. 그러한 기술적 성과의 일부가 어도비 파이어

플라이, 메타의 페이스북과 인스타그램 등의 서비스들에 속속 적용되면서 '규칙'의 형태로 발전하고 있다. 기업들은 약관과 서비스 정책 등에 기반해 이용자들에게 표시와 관련된 일정한 행위를 요구하고, 이를 위반한 자의 서비스 · 콘텐츠 이용에 제재를 가하며, 그 대상을 식별하기 위해 신고센터를 운영하고 모니터링을 실시하는 등 규제의 뜻에 걸맞은 행동들을 실행하기도 한다.

그러나 민간의 자율규제 시도와 별개로 각국 정부 혹은 국가연합 단위의 규제 프레임워크 수립 노력이 행해지고 있다. 유럽연합이 2021년부터 3년 이상 논의를 거쳐 제정한 AI법이 대표적인 예이고, 우리나라를 비롯한 각국도 AI 산출물 표시 문제를 다룬 규제법령을 제정 또는 개정했거나 시도 중이다(과학기술정보통신부 · 한국정보통신기술협회, 2025).

이렇듯 자율규제 활동들이 나름의 진전을 보이고 있는 상황에서 정부가 강제규제의 정비에 힘을 쏟는 이유는 무엇일까? 단지 강제력 행사에 익숙한 정부의 규제 관성일까? 아니면 자율규제에 어떤 한계가 있는 걸까?

자율규제의 한계와 강제규제의 필요성

AI 산출물 표시 규제의 방법에 관해선 민간의 이해관계인들 사이에서도 입장이 나뉜다. 미국 저작권청이 2023년 8월부터 12월까지 실시한 공개의견수렴 과정에서 제출된 의견서들을 보면, 생성 AI로부터 크든 적든 타격을 입을 권리자(단체)들의 다수가 AI 산출물의 표시를 법으로 강제하는 데 찬성했다. 구글이나 스태빌리티AI와 같은 AI 기업들은 법적 의무화를 서두르기보다 표준기술 개발과 시장의 자율적인 노력을 살펴 신중하게 대응하는 것이 바람직하다는 의견을 피력했다. 이처럼 자율규제를 선호하는 입장에선 AI 산출물 표시 분야에서 강제규제가 광범위하게 도입되면 기술 중립성의 원리를 해치고 표현의 자유와 경제활동을 위축시킬 수 있다는 우려를 표명한다.

물론 규제 목표를 실현하기 위해 정부가 강제력을 동원하는 것만이 능사는 아니다. 표시 기술의 개발 · 적용을 위한 기업들의 노력에 의해 자율적으로 형성되는 질서는 마땅히 존중되어야 하고, 성급한 강제규제 도입에 대한 우려의 소리도 경청할 필요가 있다. 그러나 AI 산출물이 제기하는 위험들을 자율규제만으로 다룰 수 있다고 하기에는 몇몇 한계가 눈에 띈다.

자율규제의 보편적인 한계로 이해관계의 불일치 문제가 흔히 지적된다. AI 기업들 사이에서도 생성 AI 기술을 적용한 개별 서비스의 성격과 이용자의 관심사가 서로 다를 수 있다. 그에 따라 자율규제의 큰 노선에는 찬성하지만 구체적인 실천 방법에 대해서는 선호가 다를 수 있다. AI 산출물의 유통에 관여하는 플랫폼 기업과 창작 도구를 개발해 제공하는 업체는 이해관계가 같을 수 없다. 같은 콘텐츠 유통 서비스라고 해도 검색 포털, SNS, 언론 매체와 같이 정보 전달 기능을 수행하는 서비스와, AI 창작물을 거래하는 플랫폼 혹은 엔터테인먼트를 사업 목적으로 하는 서비스는 표시와 관련해 요구할 사항이나 규제의 적극성 측면에서 차이를 보일 수 있다. 이해관계의 비동질성은 통일적 질서 형성을 저해할 수 있다. 자율규제의 성패는 참여자들의 실행 의사에 달려 있는데, 이들 대부분은 영리기업이다. 영리기업은 시장의 수요에 민감하다. AI 산출물 표시를 서비스 품질을 구성하는 한 요소로 볼 수도 있지만, 대중의 인식이 성숙하지 않은 상태에서는 자율적인 표시 솔루션 채택이 브랜드 이미지 제고나 이용자가 체감하는 서비스 품질 향상에 미치는 효과는 미미할 것이다. 반면 기술적 조치의 구현과 모니터링 등 정책 운영활동을 유지하는 데는 비용이 소요된다. 신규 시장 진입 혹은 틈새시장의 창출, 선점을 위해 표시 요구의 완화나 제거를 경쟁 수단화하는 자율규제

대열의 이탈자가 발생하는 상황도 능히 예상할 수 있다.

또한 자율규제는 AI 산출물의 전체 수명주기에서 규제 효과를 달성하기 어렵다. 표시의 요구가 특히 큰 악의적 이용자를 사적 제재하는 데는 한계가 있다. 기업에 따라 제재의 유무나 수준에서 차이가 있다면 규제 목표의 달성은 더더욱 어렵다. 생성 AI 기술의 발전 · 보급 속도를 고려할 때 신뢰할 수 있는 AI 기술이 성장할 토대를 마련하기 위해 표시 규제의 도입을 마냥 미룰 수 없다. 그런데 AI 산출물 생애주기 전체를 아우르는 산업 표준의 개발과 안정화는 상당 시간을 요구하며, 표준기술을 보급하는 데는 추가 시간이 소요된다. 시장 경쟁을 위한 필수재로 보기 어려운 AI 산출물 표시 기술에 관한 표준의 채택과 준수가 전적으로 민간의 자율에 맡겨져서는 규제 목표 실현을 위한 생태계 전체의 참여는 요원하다. 그 밖에 기술 자체에 내재되어 있는 각종 제약사항도 자율규제의 한계로 지적될 수 있다(류시원, 2024a).

강제규제 흐름은 이러한 자율규제의 한계에 대한 인식을 배경으로 나오고 있다고 보아야 한다. 표시 부재에 따른 위험은 사람이 만든 것과 잘 구분되지 않는 AI 산출물이 대중에게 전달될 때 비로소 나타난다. 따라서 생성에서부터 소비에 이르는 AI 산출물 생애주기 중 어느 한 단계에서라도 표시가 누락, 제거 또는 훼손된다면 위험 발생은 저지되지 않는다. AI 산출물의 전체 생애주기에 걸친 촘촘한 규제가 요구되는 이유다. 자율규제가 한계를 노출하는 빈 틈에서 강제규제의 수요가 발생한다. 표시 기술의 발전 동향과 자율규제의 성과들을 주의 깊게 살피는 가운데, 기술 현실과 조화될 수 있는 적절한 범위의 강제규제 정비 노력을 기울여야 한다.

참고문헌

과학기술정보통신부 · 한국정보통신기술협회(2025). 인공지능(AI) 워터마크 기술 동향 보고서. https://www.msit.go.kr/bbs/view.do?sCode=user&bbsSeqNo=94&nttSeqNo=3185395

류시원(2024a). 인공지능 산출물 표시 규제 방안의 검토, ≪저스티스≫ 통권 제205호.

최병선(2023). 『규제 vs 시장』. 가갸날.

Floridi, L. & Cowls, J.(2019). A Unified Framework for Five Principles for AI in Society. *Harvard Data Science Review*, 1(1).

Koop, C. & Lodge, M.(2017). What is regulation? An interdisciplinary concept analysis. *Regulation & Governance*, 11(1).

07
국내외 표시 규제 현황

해외 각국에서 AI 산출물 표시에 관한 강제규제 체제를 정비해 가는 흐름이 형성되고 있지만 그 모습은 서로 조금씩 다르다. 유럽연합은 일반적 AI 규제의 한 내용으로 표시 규제를 포함하지만, 중국은 생성 AI에 집중하고 있다. 따라서 중국의 표시 규제 내용이 훨씬 구체적이다. 미국은 다양한 시도를 이어가고 있으나, 연방법 차원에선 성과가 미진하다. 해외의 표시 규제 도입 현황과 그 특징들을 살펴보고, 우리나라의 상황과 비교해 본다.

AI와 윤동주?

유럽연합 'AI법'

여러 나라와 권역에서 AI 산출물 표시를 강제하는 법적 환경이 조성되고 있다. 유럽연합, 미국, 중국의 규제 입법 사례에서 우리나라의 규제 설계에 참고할 특징들을 찾아본다.

유럽연합 'AI법'은 2021년 4월 21일 초안이 마련된 이래 수차례의 수정과 치열한 합의 과정을 거쳐 2024년 6월 13일 최종본이 도출됐고, 2024년 7월 12일 관보에 게재되어 20일 뒤에 발효되었다. AI 산업에 대한 일반 규제법령인 'AI법'은 생성 AI와 딥페이크를 규제하는 내용도 담고 있다. 'AI법'에 앞서 제정 및 시행된 유럽연합 '디지털 서비스법(DSA, Digital Services Act)'에도 실존하는 인물 등과 눈에 띄게 흡사하고 진실로 위장된 생성·조작 콘텐츠에 대해 뚜렷한 표지(Prominent markings)로 식별 정보를 제공하는 규정이 있다. 그러나 DSA에서 정한 의무는 소정 요건을 충족하는 초대형 온라인 플랫폼과 초대형 온라인 검색엔진 제공자에게만 적용된다.

반면 'AI법'은 오디오, 이미지, 비디오, 텍스트 등 합성 콘텐츠를 생성하는 AI 시스템(이하 '생성 AI 시스템')의 산출물 표시를 일반 범위에서 규제하는 내용을 담고 있다. 이를 규정한 'AI법' 제50조는 생성 AI 시스템 제공자

(Provider)의 의무와 배치자(Deployer)의 의무를 구분하고 있다. 먼저 제공자에게는 제2항에서 AI 산출물에 인공지능에 의해 생성·조작되었다는 점이 기계 판독 및 탐지 가능한 형식으로 표시되도록 보장할 의무를 부과한다. 또한 그들의 기술 솔루션은 기술적·경제적으로 가능한 한도에서 효과성·상호 운용성·강인성·신뢰성이 보장돼야 한다. 쉽게 말해, AI 시스템 제공자에게 AI 산출물 표시에 관한 기술 솔루션을 적용할 것을 요구하는 것이다.

생성 AI 시스템을 개인적·비직업적 범위를 넘어 이용하는 자, 즉 업무에 이용하거나 생성 AI 시스템 기반의 서비스를 제공하는 자를 뜻하는 배치자에게는 조금 다른 의무를 지운다. 같은 조 제4항은 배치자가 준수해야 하는 표시 의무를 콘텐츠 형식에 따라 둘로 나누고, 각각의 적용 조건과 의무 사항을 정한다. 먼저 이미지·오디오·비디오 콘텐츠는 그것이 '딥페이크를 구성하는' 경우에 해당 콘텐츠가 인공적으로 생성되거나 조작되었다는 사실을 공개(Disclose), 즉 표시할 것을 요구한다. 반면 텍스트 콘텐츠에 대해서는 '공적 관심사에 관한 정보를 공중에게 전달할 목적으로 발행되는' 것이라는 조건이 충족되었을 때 그것이 인공적으로 생성·조작되었다는 사실의 공개를 요구한다.

콘텐츠 형식에 따라 둘로 구분되는 배치자의 의무에는 각각 예외가 적용되는데, 여기에서도 차이가 보인다. 딥페이크를 구성하는 이미지 · 오디오 · 비디오 콘텐츠의 경우는, 그것이 명백하게 예술적 · 창조적 · 풍자적 · 허구적 작품의 일부라면 작품의 전시 또는 향유를 방해하지 않는 적절한 방법으로 생성 · 조작 콘텐츠라는 사실을 공개하면 족한 것으로 의무를 완화한다. 텍스트에 대해서는 일정한 예외에 해당하는 경우 공개 의무를 완화하는 것이 아니라 면제한다. 면제 사유 중에는 AI 산출물이 인간의 검토나 편집 통제 과정을 거쳤고, 자연인 · 법인이 그 발행에 편집 책임을 지는 경우가 포함된다.

유럽연합 'AI법'에 따른 표시 규제의 특징은 다음과 같이 요약할 수 있다. 첫째, 관여 주체에 따라 표시 책임을 구분한다. AI 산출물 생성 등 인간과의 상호 작용이 발생하는 단계와 거리가 먼 AI 시스템 제공자에게는 추상적 의무를, 인간과의 상호 작용이 일어나거나 비교적 근접한 단계에 있는 배치자에게는 구체적 표시 의무를 부과한다. 둘째, 표현의 자유에 미칠 영향을 고려해 배치자의 표시 의무에 일정한 한계를 정한다. 셋째, 표시 의무 및 그 예외를 콘텐츠 형식에 따라, 구체적으로는 텍스트와 비-텍스트로 구분한다.

미국의 주법과 연방법

잘 알려진 바와 같이 미국의 법제는 주법과 연방법으로 이원화되어 있다. 최근 몇 년 사이 캘리포니아, 뉴욕, 위스콘신, 테네시 등 미국의 여러 주에서 AI 산출물 표시를 규제하는 내용의 법안이 발의되었다. 이 중 다수는 선거, 음란물, 퍼블리시티권 침해 등 구체적 위험에 대응하는 것을 목적으로 한다. 일부 법안은 아직 계류 중이고, 일부는 통과되었다. 2026년 1월 1일 시행 예정인 「캘리포니아AI투명성법(California AI Transparency Act)」은 월간 방문자가 100만 명이 넘는 특정 생성 AI 시스템 제공자의 의무로서, 이미지 · 비디오 · 오디오 콘텐츠가 생성 AI 시스템에 의해 생성 · 변경되었는지를 탐지할 수 있는 도구를 제공하고, AI 산출물에 메타데이터 형식의 표시정보를 임베딩해 출력할 의무 등을 규정한다. 캘리포니아에선 시스템 제공자에게 메타데이터나 워터마크 삽입 등의 방법으로 구현된 이력 데이터(Provenance data)를 적용할 의무와, 이력 탐지 도구를 공중에게 제공할 의무 등을 상세하게 정한 AB-3211 법안이 발의되었으나, 상원을 통과하지 못하고 폐기되었다.

연방법안도 몇 건이 발의되었는데 내용은 조금씩 다르다. 「AI공개법(AI Disclosure Act of 2023)」이라는 이름으로 하원에서 2023년 6월 발의된 H.R.3831 법안은 AI 산출물에 표시할 문구를 직접 지정한다. "부인(Disclaimer): 본 산출물은 인공지능에 의해 생성되었음"이라는 문구다. 2023년 9월 상원에서 법안번호 S.2765로 발의된 「AI산출물권고법(Advisory for AI-Generated Content Act)」도 특정 인물 혹은 집단을 가장한 AI 산출물을 생성할 경우 연방거래위원회(FTC)에서 정한 기준을 충족하는 워터마크를 의무적으로 삽입해야 한다는 단순한 내용으로 구성되어 있다.

조금 더 상세한 법안도 있다. 「AI표지법(AI Labeling Act of 2023)」이라는 이름으로 상원(S.2691), 하원(H.R.6466)에서 각각 2023년 7월과 11월에 동일한 내용으로 발의된 법안은, AI 산출물의 형식에 따라 표시 의무를 구분한다. 이미지 · 비디오 · 오디오 · 멀티미디어 콘텐츠에 대해 그 매체에 적절한 방법으로 AI 산출물이라는 사실을 고지(Notice)하고 메타데이터에 식별정보를 포함시켜야 하지만, 텍스트에 대해서는 AI 산출물이라는 사실을 명확하고 눈에 잘 띄게 공개해야 한다고만 정할 뿐 메타데이터에 관한 요구사항은 없다.

그 밖에 2024년 3월 하원에서 「기만적AI소비자보호법(Protecting Consumers from Deceptive AI Act)」이라는 이름으로 발의된 H.R.7766 법안이 있다. 이 법안은 생성 AI 애플리케이션 제공자와 특정 온라인 플랫폼 제공자의 의무를 구분한다. 전자에 대해서는 생성 AI 애플리케이션에 의해 생성·변경된 시청각 콘텐츠에 공개정보(Disclosures)를 추가하고, 공개정보의 삭제·변조 방지 조치를 적용하도록 요구한다. 후자인 특정 온라인 플랫폼 제공자에게는 공개정보가 추가된 시청각 콘텐츠에 접근하는 이용자에게 그 공개정보를 눈에 띄는 방법으로 제공할 의무, 공개정보의 삭제 금지 의무 등을 부과한다. 2024년 7월 상원에서 법안번호 S.4674호로 발의된 「COPIED 법안(Content Origin Protection and Integrity from Edited and Deepfaked Media Act)」은 H.R.7766 법안과 유사하게, 생성 AI 도구 제공자와 특정 플랫폼을 규제한다. 그리고 여기서 더 나아가 누구에게나 적용되는 일반적인 의무로서 콘텐츠 이력관리(표시) 정보를 고의로 제거·변경·변조·무력화하는 행위를 금지한다. 위 4건의 법안 모두 2023년에서 2024년 사이 제118대 연방의회 회기에서 발의되었으나, 2025년 1월 3일 회기가 만료될 때까지 통과되지 못했다.

중국

생성 AI와 AI 산출물 표시 문제에 있어 어느 국가나 권역보다도 중국이 발빠른 정책 행보를 취하고 있다. 입법 성과도 이미 상당히 도출되었다.

중국은 「인터넷정보서비스심층합성관리규정(互联网信息服务深度合成管理规定)」(이하 '관리규정')을 2022년 11월 25일에, 「생성인공지능서비스관리임시방법(生成式人工智能服务管理暂行办法)」(이하 '임시방법')을 2023년 7월 10일에 각각 제정해, AI 산출물 표시 규제를 빠르게 정비했다. 관리규정은 심층합성 서비스 제공자의 의무와, 누구에게나 적용되는 일반적 의무를 모두 규정한다. 심층합성 서비스 제공자의 의무는 대중의 혼동이나 착각을 유발할 수 있는 경우인지에 따라 나뉜다. 대중의 혼동 · 착각을 유발할 수 있는 경우에는 대중에게 심층합성 상황을 알릴 의무가 주어지고, 대중의 혼동 · 착각을 유발할 수 있는 경우가 아니더라도 모든 심층합성 서비스 제공자는 기술적 조치를 통해 그 서비스로 생성 · 편집된 심층합성 콘텐츠에 이용자의 사용에 영향을 미치지 않는 표시를 추가하고 로그 정보를 보관할 것이 요구된다. 누구라도 기술적 수단을 이용해 심층합성 표시를 삭제 · 변조 · 은닉하는 행위는 금지된다. 임시방법은 관리규정의 심층합성 표시와 관련된 규정을 그대로 원용하면서, 생성 AI에 관한 기타 규제 사항들을 추가해, 생성 AI에 대한 일반 규제법령으로 제정됐다.

최근엔 표시의 방법을 더욱 구체화한 법령이 발표되었다. 2025년 3월 14일 국가사이버공간관리국을 포함한 4개 부처가 합동으로 발표한 「인공지능생성합성콘텐츠표지방법(人工智能生成合成内容标识办法)」(이하 '표지방법')이다. 2024년 9월 14일 초안이 공개되고 의견모집을 진행한 지 6개월 만에 확정한 것으로 2025년 9월 1일부터 시행된다. 본 표지방법은 합성 콘텐츠에 적용되는 표지를 '암시적 표지'와 '명시적 표지'로 나눈다. 암시적 표지는 메타데이터나 워터마크와 같은 기술적 수단으로 콘텐츠 파일 데이터에 추가되며 이용자가 쉽게 인식할 수 없는 표지다. 명시적 표지는 텍스트, 사운드, 그래픽 등으로 표현되고 이용자가 명확하게 인식할 수 있는 표지를 말한다. 본 표지방법은 텍스트, 오디오, 이미지 등의 콘텐츠 형식별로 명시적 표지가 따라야 할 형식을 상세하게 규정한다. 서비스 제공자에게는 합성 콘텐츠가 다운로드, 복사 등으로 제공되는 경우 명시적 표지정보가 포함되어 있는지 확인할 의무도 함께 부과한다. 그 밖에 온라인 정보콘텐츠 보급 플랫폼의 의무, 이용자의 의무, 누구나 지켜야 할 표지의 삭제・변조 등 금지의무를 규정한다. 즉, 표시 주체, 단계, 콘텐츠 형식 등의 다양한 측면별로 AI 산출물 표시 규제의 내용을 세분화하고 있다. 이에 더해 중국은 본 표지방법의 기술적인 내용을 더욱 구체화한 강제 국가표준까지 같은 날 함께 확정해 공개했다(国家互联网信息办公室, 2025).

중국의 흐름을 요약하면 다음과 같다. 첫째, 생성 AI 부문에 집중해 산출물의 표시를 포함한 규제를 빠르고 세밀하게 형성하는 과감한 행보를 취한다. 둘째, 민간 주도로 표준화 노력을 기울이고 있는 일반적 경향과 달리 표시 기술의 표준화를 국가가 주도하고 있다.

우리나라

유럽연합은 AI법의 발빠른 제정을 앞세워 AI 규제 질서를 선점하려고 한다. 일반적 규제법령 안에 AI 산출물 표시가 투명성 의무의 한 내용으로 담겼다. 따라서 내용이 비교적 간단하다. 미국은 유럽연합 AI법에 비해 표시 규제 내용을 구체화하려는 다양한 시도가 주법과 연방법 차원에서 이어지고 있으나, 아직은 불확실성이 존재한다. 중국은 AI 산업 전체에 대한 규제보다는 생성 AI 및 산출물 표시 부문에 집중해 규제를 빠르게 정비하고 있다. 유럽연합 AI법보다도 일찍 제정 및 시행된 임시방법은 '세계 최초의 전문화된 생성 AI 거버넌스'라고 평가된다(中伦律师事务所, 2024).

우리나라의 상황은 어떨까? 결론부터 얘기하면, 우리나라도 법률 제·개정의 규제 정비의 성과가 일부 확인되지만 아직은 다소 제한적이다. AI 산출물 표시 규제를 가장 먼저 도입한 법은 '공직선거법'이다. 딥페이크 오남용 사례가 많고 위험의 시급성과 중요도가 매우 큰 공직선거라는 특정 영역에서 표시 규제가 우선적으로 도입된 것이라 할 수 있다. 공직선거법에 2023년 12월 28일 개정을 통해 신설된 제82조의8 제2항은 '딥페이크영상등'에 AI 기술 등을 이용해 만든 가상의 정보라는 사실을 표시하도록 요구한다.

보다 일반적인 표시 규제가 2024년 12월에 국회 본회의를 통과해 2026년 1월 시행을 앞둔 「인공지능발전과신뢰기반조성등에관한기본법」(이하 'AI기본법')에 포함됐다. AI기본법 제31조 제2, 3항은 생성형 AI 또는 이를 이용한 제품·서비스를 제공할 경우에 AI 생성 사실을 표시할 의무와, 실제와 구분하기 어려운 가상의 결과물을 제공하는 경우의 표시 의무 및 예술적·창의적 결과물의 표시 의무 완화에 대해 규정한다. 유럽연합 AI법을 참조해 표현의 자유를 존중한 예외 영역을 설정한 부분은 바람직하다고 평가할 수 있다.

「정보통신망법」은 2020년 6월 개정을 통해 가상의 AI 산출물에 관한 규정을 마련했으나, 정부가 식별 기술의 개발 · 보급 시책을 마련해야 한다는 내용만 있고 규제 조항은 없다. 그 밖에 「콘텐츠산업진흥법」, 「저작권법」 등에 AI 산출물 표시 규제를 도입하려는 시도가 계속되고 있지만, 그와 관련된 법의 개정은 아직 이루어지지 않았다.

우리나라의 AI 산출물 표시 규제는 공직선거법과 같이 특정 구체적 위험 영역에 대한 규제법과, 일반적인 표시 규제를 다루는 AI기본법의 두 방향에서 모두 형성되어 가고 있다. 그러나 해외의 법령이나 법안, 특히 중국에서 최근 제정된 법에 비해서는 아직 초기 단계라고 부를 수 있을 정도로 내용의 세밀도가 떨어진다.

참고문헌

国家互联网信息办公室(2025.3.14). 四部门联合发布. 人工智能生成合成内容标识办法. https://www.cac.gov.cn/2025-03/14/c_1743654685899683.htm

中伦律师事务所(2024.12.18.).

我国生成式人工智能的监管框架及主要法律风险识别.
https://www.zhonglun.com/research/articles/53886.html

08
AI 산출물 표시 규제의 설계

AI 산출물 표시 규제가 추구하는 정책 목표는 '과정 기반 목표'와 '영향 기반 목표'로 나눌 수 있다. 과정 기반 목표는 추상적 위험을 다루기 위한 표시 규제에 적합하고, 영향 기반 목표는 개별 구체적 위험 영역의 표시 규제에 적합하다. 각각의 정책 목표가 따르는 기본 원리는 표시 대상, 표시 의무의 수범자, 표시의 내용과 방법 등의 각 규제 설계 측면에 반영되어 구체화된다.

AI와 한의학?

규제 목표의 식별

AI 산출물 표시 규제의 구체적 내용을 설계하기에 앞서 규제 목표를 식별할 필요가 있다. 2023년 11월 MIT에서 발간한 정책보고서에서 AI 산출물 표시의 동기가 되는 정책 목표를 '과정 기반 목표(Process-based goal)'와 '영향 기반 목표(Impact-based goal)'로 나누고 있다. 과정 기반 목표는 표시 대상 콘텐츠가 생성 · 변경되는 기술적 과정에 초점을 맞춘 것으로, 수요자에게 어떤 잠재적 결과를 낳는지 관심을 두지 않고, 콘텐츠 형식에 따른 영향의 차이도 고려하지 않는다. 반면 영향 기반 목표는 AI 산출물이 초래하는 잠재적인 해악을 고려하는 접근이다. 이 관점은 정치적 선동, 사기 범죄, 성범죄 등의 구체적 위험을 고려한다. 정책 목표의 차이는 표시 규제의 접근법에 차이를 가져온다. 과정 기반 목표는 AI 산출물의 내용과 그 작성 의도 등에 대한 가치 판단을 피하고, 일반적 범위에서 중립적으로 적용되는 표시 규제를 선호하게 된다. 그러나 영향 기반 목표는 통상 AI 산출물에 담긴 정보의 진위와 오인가능성, 작성 의도와 전파 범위 등에 기초해 위험도를 판단하고 이를 요구되는 표시의 방법 등을 설계하는 데 고려한다(Wittenberg et al., 2023).

AI 산출물 표시 규제의 논의에는 다양한 사회적 의제가 복합적으로 작용하는 만큼, 이를 강제규제로 구현하는 경우 어떤 법을 제정 또는 개정할 것인지 다양한 선택지가 주어진다. 표시 규제를 도입하려는 개별 법령의 목적에 따라 누구에게 어떤 수준의 표시를 요구할 것인지와 같은 규제 설계가 달라지는 것이다. 2023년 미국 저작권청의 공개의견 수렴 당시 UC 버클리(University of California, Berkeley)의 파멜라 새뮤엘슨(Pamela Samuelson) 교수를 포함한 3인의 로스쿨 교수들이 공동 제출한 의견서도 이 점을 지적하고 있다. 이 의견서에서는 상이한 정책 목표가 필연적으로 표시의 유형과 식별 수준에 관한 상이한 요구로 이어진다는 점을 지적하면서, AI 산출물에 대한 표시 혹은 식별 규제는 규제기관이 염두에 두고 있는 특정한 공익 목적에 맞춰 세심하게 조정(Calibrate)되어야 한다고 주장한다(Samuelson et al. 2023.10).

거칠게 구분하면 과정 기반 목표는 추상적 위험을 고려하는 일반적 표시 규제에 어울리고, 영향 기반 목표는 구체적 위험 영역별 규제에 적합하다. 우리나라의 AI기본법의 투명성 의무 조항은 과정 기반 목표에 가깝고, 공직선거법의 '딥페이크 영상 등' 관련 조항은 영향 기반 목표에 가깝다. 규제 목표의 차이는 일차적으로 표시 대상에서 나타난다. AI기본법은 공직선거법의 '실제와 구분하기 어려운 가상의 영상 등' 외에 모든 AI 산출물을 포괄하는 '생성 AI 제품 또는 서비스의 결과물'이라는 일반적 범위로 표시 대상을 확장하고 있다.

표시 규제의 설계

AI 산출물 표시 규제가 적용될 영역의 정책 목표를 식별했다면 이를 바탕으로 구체적인 규제의 설계로 들어갈 수 있다. 표시 규제를 설계함에 있어 고려할 몇 가지 부면을 살펴본다.

첫째, 표시의 대상이다. 추상적 위험 내지 AI 산출물의 보호 문제와 연계해 AI 산출물 일반에 대한 표시를 요구하는 경우라면 '실제와 구분하기 어려운' 산출물뿐 아니라 모든 AI 산출물을 대상으로 정하는 것이 바람직하다. 반면 특정한 구체적 위험에 대응하기 위한 표시라면 보다 좁은 범위로 표시 대상을 정할 수 있다. 이러한 점에서 우리나라의 AI기본법이 표시 대상을 생성 AI 결과물 전체로 정한 것은 타당하다. 하지만 자세히 들여다보면 문제가 있다.

AI기본법 제31조는 제2항에서 AI 산출물 일반에 대한 표시 의무를 규정하고, 제3항에서 '실제와 구분하기 어려운 가상의' 음향 등 결과물에 대한 표시와 그 예외에 대해 규정한다. 이러한 체계는 유럽연합 AI법과 흡사해 보이지만 실은 큰 차이가 있다. 유럽연합 AI법 제50조가 제2항에서 AI 산출물 일반에 대한 시스템 제공자의 표시 의무를 정하면서 제4항에서 딥페이크에 대한 배치자의 표시 의무를 따로 규정한 것은 표시 대상과 더불어 표시 의무 수범자를 구분하기 위한 것이다. 생성 AI 시스템 제공자에게 모든 AI 산출물에 기계 판독 가능한 표시정보 적용을 요구하고, 이를 전제로 AI 산출물 중 딥페이크는 배치자에게 표시정보를 검출해 공개할 것을 요구하는 것이다. 우리나라 AI기본법은 제31조 제2, 3항에서 AI 산출물 일반과 딥페이크(실제와 구분하기 어려운 가상의 결과물)를 나누고 있지만 두 표시 주체가 모두 '인공지능 사업자'다. 요구되는 행위도 '표시'와 '이용자가 명확하게 인식할 수 있는 방법으로 고지 또는 표시'로 실질적 차이가 없거나, 전자가 후자를 포함하는 관계여서 명확히 구분되지 않는다. 유럽연합 AI법의 무늬만 베낀 것이다. 지금처럼 표시의 주체, 방법에 차이를 두지 않을 것이라면 AI 산출물 일반으로 표시 대상을 일원화하는 것이 차라리 낫다.

둘째는 표시 규제의 수범자다. 이미 우리나라 AI기본법 제31조가 AI 산출물 일반과 딥페이크에 대한 표시 의무 수범자를 '인공지능 사업자'로 동일하게 설정하고 있는 문제를 지적했다. 규제 목표의 달성에 실패하지 않기 위해서는 AI 산출물 생애주기 단계별로 관여 주체에게 세분화된 의무를 부과하는 것이 바람직하다. AI 산출물 생성 단계에 관여하는 시스템·서비스 제공자에게는 기술적인 표시정보의 적용(부착, 삽입)을, 유통 단계에 관여하는 플랫폼 사업자에게는 표시정보를 이용자에게 외부로 현시(顯示)할 것을 요구하는 식으로 말이다. 만약 이처럼 생성 단계에서부터 기술적 표시정보 적용을 요구하는 세분화된 규제를 도입한다면, 미국 연방법안과 중국 법제를 참고해 표시정보의 제거, 훼손 등을 일반적으로 금지하는 규정을 추가하는 것이 필요할 수 있다. 표시정보의 부착은 기술적 방법에 의해야 할 것이므로, AI 생태계 참여자들이 손쉽게 채택하고 적용할 수 있도록 기술표준화의 동향을 면밀히 살피면서 이에 부합하는 요구가 되도록 하는 것이 바람직하겠다.

셋째는 표시의 내용과 방법이다. AI기본법과 같이 일반적인 규제를 추구하는 법이라면 AI에 의해 생성되었다는 객관적인 사실을 적용 및 표시하는 것으로 충분할 수 있다. 필요하다면 생성한 자, 사용된 도구, 생성 일시, 과정 등에 관한 정보를 추가로 표시할 수 있을 것이다. 그러나 공직선거법과 같은 개별 위험 영역의 규제법령에서는 AI 산출물에 포함된 정보의 의미와 영향을 전달하는 것이 의미가 있을 수 있다. 이와 관련해, 규제 목표에 따라 표시 문구를 직접 정하는 것이 효과적일 수도 있다. 한 연구에 의하면, AI에 의해 생성되었다는 객관적 정보를 전달하는 데 "AI로 생성됨(AI generated)"이라는 표시가 가장 효과가 크고 "편집됨(Edited)"이 가장 효과가 작았으며, 콘텐츠 내용의 오인가능성을 지시하는 데에는 "딥페이크(Deepfake)"가 가장 효과적이고 "AI로 생성됨(AI generated)"이 가장 효과가 작았다고 한다(Epstein et al., 2023). 이 점은 개별 위험 영역의 규제법령에서는 "AI가 생성함"이라는 중립적 문구보다는, 정보의 오인가능성을 직접적으로 지시하는 "딥페이크"나 "실제가 아님" 등의 문구가 더 적절하다는 점을 시사한다. 실제로 공직선거법 제82조의8의 위임에 따라 표시의 세부 사항을 정한 '중앙선거관리위원회규칙'은 딥페이크 영상에 표시할 문구를 "이 음향 · 이미지 · 영상은 실제가 아닌 인공지능 기술 등을 이용해 만든 가상의 정보입니다"로 정하고 있다.

또 다른 연구에 의하면 메시지의 구체성, 시인성, 표시 출처의 신뢰성 등이 표시 효과에 영향을 미친다고 한다(Martel & Rand, 2023). 따라서 국가나 공인된 표준기구, 기타 공신력 있는 기관이 정보 전달에 효과적인 크기와 내용으로 표시 문구 · 로고를 설계하고, 규제법령에서 이를 직접 지정하는 방안도 고려해 봄직하다. 그러나 이 경우 AI 산출물 표시의 효과가 다양한 이용자 집단과 맥락에 따라 다르게 나타날 수 있다는 점도 고려할 필요가 있다. 따라서 지나치게 경직적인 기준을 제시하기보다는 맥락에 맞는 추가 정보의 전달과 발견 등을 위한 응용 내지 변용이 가능하도록, 어느 정도 유연성을 보장하는 표준적 표시 방법을 제시하는 것이 바람직하다(Fischer et al., 2025).

참고문헌

Epstein, Z. et al.(2023). What label should be applied to content produced by generative AI? https://osf.io/preprints/psyarxiv/v4mfz_v1

Fischer, R. et al.(2025). Bridging the Communication Gap: Evaluating AI Labeling Practices for Trustworthy AI Development. arXiv:2501.11909v1 [cs.AI].

Martel, C. & Rand, D.(2023). Misinformation warning labels are widely effective: A review of warning effects and their moderating features. *Current Opinion in Psychology*, 52.

Samuelson, P.,et al.(2023.10). Re: Notice of inquiry ("NOI") and request for comments. *Artificial Intelligence and Copyright*, Docket No. 2023-6, COLC-2023-0006-8854.

Wittenberg, C. et al.(2023). Labeling AI-Generated Content: Promises, Perils, and Future Directions. https://computing.mit.edu/wp-content/uploads/2023/11/AI-Policy_Labeling.pdf

09
AI 산출물 표시 규제의 한계

AI 산출물임을 '표시'하는 것만으로 다룰 수 없는 정치적, 성적 맥락의 문제가 존재한다. 기술적 한계와 국제적 규제 불균형 등도 규제의 한계로 작용한다. AI 산출물 표시는 사람이 만든 해로운 표현과 생성 AI로 만든 무해하거나 유익한 표현에 대중의 신뢰를 역전시키고, AI 산출물에 대한 부당한 편견을 유발하는 부작용이 있다. 그러나 이러한 한계와 부작용은 표시 규제를 반대하는 것이 아니라, 합리적 표시 규제를 도출하는 데에 기여해야 한다.

AI와 화장품?

표시의 한계와 규제의 한계

AI 산출물 표시 규제의 한계는 표시 자체의 한계와 표시의 '규제'가 갖는 한계로 나눌 수 있다. '표시'의 한계는 표시 수단의 기술적 제약과도 일부 관련이 있지만, 보다 근본적으로 표시만으로 해결되지 않는 문제가 있다.

첫째로, AI 산출물이 사실을 왜곡해 발생하는 문제 가운데 음란물이나 성착취물 등은 생성 AI의 결과물이라는 사실을 표시하더라도 여전히 일정한 범위에서 제작, 유포, 소비될 유인이 존재할 수 있어서 표시가 근본 대책이 될 수 없다. 이러한 결과물에는 삭제, 차단, 처벌과 같은 보다 직접적이고 원천적인 조치가 취해져야 한다. 딥페이크가 만약 조작된 메시지를 전달하려는 목적이 아니라 단지 우스꽝스럽거나 학대적인 모습을 연출해 누군가에게 망신을 주기 위해 제작되었다면 AI 산출물 표시가 되었더라도 의도된 효과가 발생할 수 있다. 이미 정치적으로 편향되어 조작된 거짓정보를 받아들일 준비가 되어 있는 대중은 딥페이크물에 포함된 AI 산출물 표시를 간과하거나 무시하고서 기꺼이 거짓정보를 수용해 편향성을 강화할 수 있다.

둘째로, 표시 규제가 염두에 두고 있는 거짓정보의 위험은 AI 산출물만의 문제가 아니다. 생성 AI 기술이 그럴듯한 모습으로 거짓정보를 쉽게 포장하는 데 쓰이고 그 흐름을 가속화할 수 있는 것은 사실이지만, 거짓정보는 AI 산출물에만 담기지 않는다. 누구나 거짓에 끌리고 거짓을 욕망하는 탈진실 시대의 근본 원인에 대한 이해와 대처가 필요하다. 거짓정보의 만연을 둘러싼 광범위한 사회적 현상에 대한 조처로서 AI 산출물 표시 규제는 지나치게 제한적이고 표피적이다(Lisinska & Castro, 2024: 6-7).

AI 산출물에 대한 표시가 유효한 수단인 경우에도 이를 규제하는 데에 한계가 있을 수 있다. AI 산출물 표시 정보를 안전하게 유지하는 기술이 발달할수록 제거와 회피 기술도 마치 창과 방패처럼 함께 발전한다. 악의적 생성 AI 이용자를 색출하는 것은 AI 산출물의 양이 급속히 증가하는 추세에서 규제비용의 증가로 이어진다. 표시 규제가 국제적으로 통일되지 않은 상황이 지속되면, AI 산출물에 표시정보가 애초에 부착되지 않거나 AI 산출물이 국경을 넘나들며 전파되는 과정의 어디에선가 부착된 표시정보가 삭제되거나 훼손되는 일이 쉽게 일어날 수 있다. 한 나라에서 메타데이터 등의 표시정보 부착이 의무화되어도 AI 산출물의 유통이나 소비가 일어나는 다른 나라에서 그 정보를 검출해 이용자에게 사람이 인식할 수 있는 방법으로 표시하는 것이 법제로 의무화되어 있지 않다면 애써 부착한 표시정보가 의미 없게 될 수 있다.

표시 규제의 부작용

AI 산출물에 "AI로 생성됨(AI-generated)"이라는 표시를 강제하면 AI 산출물에 대한 부당한 편견을 유발할 수 있다는 연구가 있다. 때로는 생성 AI 기술을 쓰지 않고 수작업으로 조작한 정보가 더 위험할 수도 있고, AI 산출물이 해롭지 않은 경우도 많다. AI 산출물 표시 규제는 위험도가 서로 다른 모든 AI 산출물을 일률적으로 취급하기 때문에 대다수 무해한 혹은 유익한 AI 산출물에도 편견을 유발할 수 있다(Lisinska & Castro, 2024: 7).

"AI로 생성됨"이란 표시는 겉으로 볼 때 중립적인 메시지를 전달한다. 그러나 다양한 방식과 수준으로 생성 AI가 제작에 활용된 콘텐츠에 "AI로 생성됨"이라는 일률적 표시를 하면 대중은 이를 '전적으로' AI가 생성했다는 의미로 받아들이고 그러한 표시가 없는 콘텐츠에 비해 낮은 신뢰도를 보이는 경향이 있다고 한다(Altay & Gilardi, 2024). AI 산출물에 적용되는 표시는 그에 대한 낙인효과를 강화하는 한편, 사람이 직접 작성한 해로운 콘텐츠를 상대적으로 더 신뢰할 수 있는 것처럼 보이게 하는 부수적 효과를 낳는다. 그 결과 정보 위기가 심화할 수 있다.

그럼에도 불구하고 표시 규제

AI 산출물의 표시와 그 규제에는 한계가 있고, 잠재적 부작용의 여지도 있다. 그러나 이러한 한계와 부작용을 지적하는 것은 표시 규제가 쓸모없다는 결론을 이끌어 내기 위해서가 아니다. 오히려 이러한 문제에 대한 인식은 보다 쉽고 널리 수용되며 부작용을 최소화하는 가운데 목표한 정책 효과를 달성할 수 있는 합리적인 규제를 도출하는 데 중요한 참고사항이 되는 것이다.

일본 속담 중 "1엔을 비웃는 사람은 1엔에 운다(一円を笑者ものは一円に泣く)"는 말이 있다. 0엔보다 1엔이 낫다고도 한다. 작은 일이라도 하는 것이 아무 것도 하지 않는 것보다는 낫다. 제한적이나마 성과를 얻을 수 있는 길이 있다면 완벽하지 않다고 해 내쳐 버리는 것은 어리석다. AI 산출물 표시를 규제하는 것은 분명 다가오는, 아니 이미 실감하고 있는 생성 AI의 위험에 대처하기 위한 여러 방안 중 하나다. 다른 규제 항목 및 수단들과 비교할 때 AI 산출물의 생성, 유통, 소비로 이어지는 시장

의 작동방식을 직접 조정하지 않는 간접적 개입 형태이고, 생태계 참여자들에게 과도한 부담을 주지 않는 가장 소프트한 규제라 할 수 있다. 마구잡이로 시행해서는 안 되겠지만, 표시 규제에 대한 고민과 설계의 착수를 머뭇거릴 여유는 없다.

한계와 부작용을 규제를 막는 원인으로서가 아니라, 규제를 형성해 가는 과정에서 이를 보완하는 계기로서 활용하기 위해서는 규제정책의 입안가들과 정부가 다음과 같은 측면에서 그 한계와 부작용에 대한 인식을 정책 활동에 반영해야 한다. 첫째, 지적된 한계를 극복하고 부작용을 최소화할 수 있도록 표시 요구사항의 세심한 설계에 힘써야 한다. 둘째, 규제의 필요성과 수준에 대한 국제적 공감대를 끌어내기 위한 활동이 전개되어야 한다. 셋째, 자율규제 및 기술표준화 동향에 관심을 기울이는 가운데 민관(民官)이 힘을 합쳐 조화로운 AI 거버넌스를 구축하기 위한 노력을 경주해야 한다.

참고문헌

Altay, S. & Gilardi, F.(2024). People are skeptical of headlines labeled as AI-generated, even if true or human-made, because they assume full AI automation. *PNAS Nexus*, 2024, 3.

Lisinska, J. & Castro, D.(2024). Why AI–Generated Content Labeling Mandates Fall Short. https://www2.datainnovation.org/2024-ai-watermarking.pdf

10
AI 산출물 표시 규제의 미래

머지않아 생성 AI가 일상의 필수 도구가 되고, AI 산출물이 인간의 작업을 양적으로 압도하는 시대가 올 것이다. 그때는 AI 산출물 표시 규제의 모습이 지금과는 많이 다를 수 있다. AI 산출물 표시 규제는 현재의 위험에 대처하는 동시에, 가까운 미래의 변화된 상황을 준비하는 자세를 요구한다. 미래를 준비하는 AI 산출물 표시 규제는 교육과 홍보를 통한 대중의 인식 향상, 나아가 사회의 구조적 문제를 개선하기 위한 활동을 동반해야 한다.

종교와 AI?

AI 산출물과 함께하는 미래

생성 AI 기술은 무서운 속도로 발전하고 있다. 챗GPT 등장 이후로 다양한 분야에서 생성 AI 서비스들이 출현하고 멀티모달(Multi-modal) 기술이 적용되면서 우리 삶 곳곳에 파고들고 있다. 2025년 초 AI "스푸트니크 모멘트"라고 불리며 미-중 간 AI 자본 · 군비경쟁을 새로운 국면으로 전환한 딥시크(DeepSeek)와, AI 에이전트 시대 미래 모습을 엿보게 한 마누스(Manus)가 중국에서 발표되었다. 생성 AI는 이제 업무와 일상에서 필수 도구가 될 것이다. 생성 AI 도구와 에이전트를 이용해 보고서를 작성하고, 도표와 그림을 그리고, 영상을 제작하고, 코딩하는 것이 당연한 일로 여겨지는 시대가 될 것이다. 생성 AI와 AI 산출물이 우리 삶의 불가결한 일부분을 구성하게 되는 것은 먼 미래의 일이 아닐 수도 있다.

2023년 캐나다 워털루대학교(University of Waterloo) 연구진이 발표한 연구에 의하면, 10장의 실제 인물 사진과 생성 AI 기술로 만들어진 10장의 인물 이미지를 아무 표시 없이 제시했을 때 참가자의 61%만이 AI 산출물을 실제 사진과 구별할 수 있었다고 한다. 참가자들이 인물의 손가락, 치아, 눈동자 등 디테일한 부분을 상당히 주의를 기울여 관찰했음에도 이 정도 수치밖에 나오지 않은 것이다. 연구진이 당초 예상했던 85%를 훨씬 밑도는 수치였다. 이 연구는 2022년에 시작됐고, 그 사이 생성 AI는 더욱 현실성 있는 이미지를 만들어 내는 능력을 갖추었다. AI 기술의 발전 속도를 고려하면 머지않아 AI 산출물과 실제 사진을 육안으로 구별하는 것은 불가능에 가까운 일이 될 것이다(Waterloo News, 2024).

AI 산출물이 실제와 전혀 구분되지 않을 만큼 AI 기술이 발전하게 되면 AI 산출물 표시 규제가 더욱 필요해질 수도 있다. 하지만 반대로, 생성 AI가 크게 보편화되고 사회에서 생산, 소비되는 영상이나 문서, 그림 등의 절대 다수를 AI 산출물이 차지하게 된다면 오히려 AI 산출물 표시가 거추장스러운 것이 될 수도 있다. 어쩌면 그때에는 인간의 수작업물이 갖는 고유성 내지는 진본성(Authenticity)의 가치를 강조하기 위해 "인간이 창작함/작성함"이라고 표시하려는 동기가 생겨날 수 있다. 그렇게 되면 AI 산출물의 표시를 강제하지 않더라도 인간의 작업물과 AI 산출물 간의 구별이 시장의 자율적 원리로 구현될 수도 있다. 또한 AI 산출물의 작성에 인간이 관여하는 기술적인 방법이 극도로 다변화되면 일률적인 표시를 강제하는 것이 더 이상 합리적 조처로 여겨지지 않을 수도 있다. 이와 같은 비교적 먼 미래에는 지금과는 다른 사회적 요구에 따라 AI 산출물 표시 규제의 모습도 지금과 달라질 수 있다. 규제가 사라진 미래, 혹은 지금보다도 더 세분화한 형태로 진화되어 자율규제에 그 역할을 넘겨준 미래의 모습도 상상할 수 있다.

따라서 우리가 고민하는 AI 산출물 표시 규제는 먼 미래보다는 AI 산출물이 대두되고 있는 지금과, 가까운 미래의 과도기적 상황을 준비하기 위한 것이라고 할 수 있다. 현 시점에서 AI 산출물의 표시를 법적 수단으로써 규제하는 것은 AI 위험에 대응하기 위해 필요 적절한 수단이다. 그러나 동시에, 표시의 강제가 위험 통제수단으로 일관되게 발전하고 활용되도록, AI 기술 발전 속도와 AI 산출물의 규모 확대 양상을 주시하면서 현재의 규제 방식과 내용이 미래에도 합리성을 담보할 수 있는 것인지를 끊임없이 점검하는 작업이 필요하다.

AI 리터러시 증진과 사회적 조건의 개선

AI 산출물의 표시를 규제하는 것은 생성 AI로부터 초래되는 위험에 대처하기 위한 최소한의 방법이다. AI 산출물의 표시는 투명성과 검증가능성, 이용자 경험을 포괄하는 더 높은 차원의 AI 기술 신뢰 구축 프로세스의 일부로서 바라봐야 한다(Fischer et al., 2025). 2024년 한 해에 검거된 딥페이크 성범죄의 80% 이상이 10대 청소년이라는 경찰청 발표에서 확인되듯이(조선일보, 2025) 아무리 규제를 강화하더라도 대중의 인식이 향상되지 않고서는 효과를 기대할 수 없다.

생성 AI의 활용과 AI 산출물 소비에 관한 교육과 홍보 활동이 수반되어야 한다. 불법적인 용도의 AI 산출물을 작성하지 않도록 AI 도구의 책임 있는 사용을 강조해야 한다. 대중이 무분별한 AI 산출물 소비를 삼가고 그 안에 담긴 정보의 진위를 세심하게 살펴 거짓정보와 불법적인 콘텐츠로부터 스스로를 보호할 수 있도록 인식을 향상시켜야 한다. 대중이 AI 산출물의 표시를 위해 제공되는 기술적 수단의 필요성을 인지하고 더 잘 활용할 수 있도록 교육하는 데에도 관심을 둬야 한다.

유사한 취지에서, 미국의 비영리 정책연구기관인 정보기술혁신재단(Information Technology & Innovation Foundation)에서 2024년 12월 발간한 보고서는 AI 산출물 표시의 한계를 지적하면서, 여러 정책 제안들 중 하나로 디지털, AI, 미디어 전반을 아우르는 리터러시 캠페인을 권고한다. 캠페인의 전개에서 기술 기업 및 미디어 플랫폼과의 파트너십이 중요한 역할을 하며, 이런 활동을 통해 표시 기술의 표준 채택을 가속화할 수 있는 동력을 얻게 된다고 보고서는 말한다(Lisinska & Castro, 2024).

나아가 거짓정보가 민주주의 발전과 사회 통합에 가하는 위험에 대해 보다 근원적으로 대처하는 정책 활동이 꾸준히 이루어져야 한다. AI 산출물 표시를 요구하는 배경에는 편견이 만연하고 양극화가 극심하며 대중이 거짓을 갈망하는 사회의 구조적 병폐가 자리하고 있다. 이러한 근원적 문제를 계속 외면한다면 AI 산출물에 대한 표시와 제재의 요구는 점점 더 강화될 수밖에 없다. 결코 바람직한 모습이라 할 수 없다. 생성 AI 기술이 인류의 복지와 번영, 사회 안정에 기여하는 '좋은 기술'로 자리 잡고, 그 혜택을 우리가 더 많이 누리기 위해서는 AI 윤리의 확립과 더불어, 생성 AI 기술이 좋은 기술로 뿌리 내리기에 알맞은 사회적 토양을 구축하는 일에도 더 큰 힘을 써야 할 것이다.

참고문헌

조선일보(2025.2.13). 작년 딥페이크 성범죄 피의자, 80%가 10대….'촉법'도 104명. https://www.chosun.com/national/national_general/2025/02/13/GBASHGCNQ5GYLFL5KZHRWRS7HM/

Fischer, R. et al.(2025). Bridging the Communication Gap: Evaluating AI Labeling Practices for Trustworthy AI

Development. arXiv preprint, arXiv:2501.11909.
Lisinska, J. & Castro, D.(2024). Why AI-Generated Content Labeling Mandates Fall Short. https://www2.datainnovation.org/2024-ai-watermarking.pdf
Waterloo News(2024.3.6). Can you tell AI-generated people from real ones? https://uwaterloo.ca/news/media/can-you-tell-ai-generated-people-real-ones

류시원

전남대학교 법학전문대학원 부교수다. 서울대학교 전기공학부를 졸업하고 고려대학교 법학전문대학원에서 석사, 박사 학위를 취득했다. 소프트웨어 엔지니어, 변리사, 변호사 경력을 이어오면서 기술과 지적재산권의 관계와 상호 작용에 대한 관심을 발전시켰다. 법무법인(유) 광장, 법무법인(유) 세종의 IP 그룹에서 변호사로 일하다가, 2022년 전남대학교로 자리를 옮겨 지적재산권 연구와 교육 활동에 매진하고 있다. 광주 · 전남 지식재산인력양성센터 참여교수, 공공데이터분쟁조정위원회 위원을 맡고 있으며, 한국지식재산학회, 한국저작권법학회, 한국사법학회에서 상임이사로 활동 중이다. 주요 논문으로 "생성형 AI 프롬프트 입력에 대한 저작권법상 평가"(2024), "인공지능 시대 저작권 정책 형성절차에 관한 제언"(2024), "저작권법상 텍스트 · 데이터 마이닝(TDM) 면책규정 도입 방향의 검토"(2023) 등이 있고, 그 밖에 20여 편의 논문을 등재 학술지에 게재했다.